CRIPTOMONEDAS

La guía definitiva para cadena de bloque
(Blockchain), minería y más

(Un libro lleno de conocimientos desde
principiantes hasta avanzados)

Illel Maya

Publicado Por Daniel Heath

Todos los derechos reservados

Criptomoneda: La guía definitiva para cadena de bloque (Blockchain), minería y más (Un libro lleno de conocimientos desde principiantes hasta avanzados)

ISBN 978-1-989853-34-4

Este documento está orientado a proporcionar información exacta y confiable con respecto al tema y asunto que trata. La publicación se vende con la idea de que el editor no esté obligado a prestar contabilidad, permitida oficialmente, u otros servicios cualificados. Si se necesita asesoramiento, legal o profesional, debería solicitar a una persona con experiencia en la profesión.

Desde una Declaración de Principios aceptada y aprobada tanto por un comité de la American Bar Association (el Colegio de Abogados de Estados Unidos) como por un comité de editores y asociaciones.

TABLA DE CONTENIDO

Parte 1

Capítulo 1: Dinero y el ascenso de la Criptomoneda

Si tú posees una cosa de valor y estás dispuesto a intercambiarla -o solo una parte de ella- por bienes y/o servicios, tienes que determinar la forma en que esos elementos de valor pueden ser aceptados como forma de pago. Esta ha sido siempre la regla.

También puedes convertir esos elementos de valor en dinero, y luego usar ese dinero como forma de pago.

Así es cómo funciona el dinero. Desde que existe el dinero (en formato digital) así es como la cripomoneda funciona también.

Una historia breve

El dinero (y cualquier elemento valioso como ganado y cultivos) han estado a nuestro alrededor desde el 350 AC. Fue funcional para las personas con el fin de satisfacer sus necesidades (por ejemplo comida, refugio, y ropa), acumular más elementos de valor como medio para una mejor la calidad de vida.

Años después, el dinero, en la forma de

moneda y papel, dejó su huella. Tiempo después, instituciones financieras con ingeniosos sistemas fueron introducidas para establecer seguridad al dinero de la gente. Y de cierta forma, estas instituciones financieras distribuyeron el dinero de manera oficial.

Con la llegada del Siglo XXI, las monedas y el dinero en papel (billetes de bancos) están de alguna manera desacelerando el mundo acelerado. O te adaptas o terminas quedando atrás.

Actualmente, puedes elegir hacer transacciones a la vieja usanza con dinero tangible. También puedes unirte a una nueva moda, que muchas personas consideran una opción mucho mejor.

Aquí es donde la criptomoneda entra en escena.

Todo comenzó con Bitcoin

Mientas que la gente puede referirse a ellas como algo nuevo, las criptomonedas han existido desde el temprano 1998. A pesar de una corta pausa de su ciclo de desarrollo, BitGold y B-Money mantienen el record como debut histórico de las criptomonedas y el dinero digital.

BITCOIN ES UNA CRIPTOMONEDA MUY POPULAR. [FUENTE DE IMAGEN: PIXABAY]

La primera criptomoneda establecida, Bitcoin, fue el centro de atención en 2009. Bitcoin puede ser una de las primeras palabras que vienen a la mente cuando surgen discusiones relacionadas con la criptomoneda.

Un individuo misterioso, Satoshi Nakamoto, estuvo detrás de su desarrollo. Aun ahora no se sabe si Satoshi Nakamato es un pseudónimo usado por una persona o un grupo de personas. Especulaciones indican que Satoshi Nakamoto es una combinación de SAmsung, TOSHIba, NAKAmichi, and MOTOrola. Lo que realmente sabemos es que a principios del

2009 Nakamoto lanzó el software para Bitcoin y se comunicaba con el naciente grupo de usuarios de Bitcoin a través de e-mail pero nunca por teléfono o persona. En 2011, como Bitcoin y Blockchain comenzaban a ganar más atención, los mails repentinamente se detuvieron. Parecía que Satoshi había desaparecido en el aire.

Algunas personas-aquellas con limitada exposición a la mayoría de las formas de bienes digitales- confundieron Bitcoin con todas las criptomonedas.

En realidad, no lo es. Bitcoin es una criptomoneda de tantas otras. Pero podemos, de alguna manera, entender la confusión, ya que Bitcoin es responsable de hacer que la bola ruede en la industria de la criptomoneda.

Bitcoin difiere de las monedas tradicionales, ya que carece de respaldo de las autoridades reguladoras y los bancos centrales. Mientras que unos pocos piensan de otra manera, muchas personas (incluidos los expertos en criptografía) creen que esto es lo que hace de Bitcoin una moneda revolucionaria en un mundo de sistemas monetarios tradicionales.

Otra ventaja es que, en comparación con el dinero tradicional, también está hecho por una computadora. Tiene el objetivo de resolver problemas matemáticos. Y, por lo tanto, podemos estar seguros de que su sistema es justo.

Para usar Bitcoin (y otras criptomonedas), debemos registrarnos en una "billetera" (wallet). Puede elegir entre billeteras de hardware, billeteras de escritorio, móviles o basadas en la web.

Cada tipo ha demostrado ser útil en el almacenamiento de Bitcoin. La preferida es la billetera de hardware debido a sus características ganadoras (por ejemplo, soporte para múltiples criptomonedas, difícil de piratear, recuperación y restauración de correo electrónico).

Aquí tenemos otros datos importantes relativos a Bitcoin:

Sub-unidades:

o   Millibitcoin or mBTC (0.001)

o   Bit or ƀ (0.000001)

o   Satoshi o sat (0.00000001)

·   Código: BTC

·   Tiempo de procesamiento: 10 minutos

·   Creador: Satoshi Nakamoto

·   Fecha de lanzamiento: Enero 9, 2009

·   Página oficial: https://bitcoin.org

Datos sobresalientes sobre Bitcoin:

• Su diseño se basa en la tecnología blockchain, que sirve como un libro de contabilidad público para los registros de transacciones de Bitcoin.

• El software de Bitcoin, que se ejecuta mediante la comunicación de nodos, maneja el mantenimiento de la red de Bitcoin y la tecnología de cadena de bloques (blockchain).

• Como moneda seudónima, afilia a los fondos a direcciones de Bitcoin en lugar de los nombres reales y las direcciones de las personas.

• Para una transacción sin problemas, requiere al menos una entrada y al menos una salida.

• No necesariamente prioriza las transacciones que vienen con las tarifas de transacción. De hecho, pagar una tarifa es solo opcional. Pero un "minero" de Bitcoin tiene la prerrogativa de elegir qué transacción vale la pena priorizar (es decir, puede elegir procesar una transacción con una tarifa de transacción de alto pago).

Criptomonedas trabajando

Introducir criptomonedas es una cosa. Hacer que la gente adopte el sistema es otra.

Uno de los desafíos que se nos presenta es justamente la naturaleza compleja de las criptomonedas. En los días de la infancia de las criptomonedas, la mayoría de las personas se rascaban la cabeza ante el concepto. Casi en todas partes había versiones de "¿Cómo funciona una criptomoneda?"

Y mientras que la curiosidad de algunas personas se despertó, el resto no se molestó en mostrar el más mínimo interés en la adopción de un sistema de criptomoneda. Para ellos, era algo demasiado "extraño" y, en cierto modo, algo demasiado arriesgado. Y era un riesgo que mucha gente no podía permitirse.

Pero contrariamente a las afirmaciones que dicen lo opuesto, una criptomoneda, junto con su sistema, funciona de manera simple.

Este es un proceso sistemático sobre cómo utilizar las criptomonedas (los recursos en su Guía de bonos le ayudarán en este proceso. Por favor obtenga esta guía si aún no lo ha hecho):

1. Primero, abre una billetera de criptomoneda. Tienes la libertad de elegir su tipo. Solo asegúrate de que te permita almacenar el tipo de criptomoneda que desees.

Tu billetera de criptomonedas tiene tu dirección. Asegúrate de poner tu dirección correctamente.

Por ejemplo, si desea usar Bitcoin, la billetera que debes abrir debe ser una billetera de Bitcoin.

2. A continuación, financia tu billetera de criptomonedas con la moneda que desees. Compra criptomonedas de los intercambios de criptomonedas (por ejemplo, Coinbase, eToro, YoBit y LocalBitcoins) y envíalas a tu billetera.

En este paso, necesitarás la dirección de tu billetera.

Para financiar una billetera de Bitcoin, necesitas comprar (o extraer) Bitcoin de una bolsa. Y luego enviar el Bitcoin a la dirección de tu billetera de Bitcoin.

EN UNA BILLETERADE BITCOIN, SE LE DAN DOS CONJUNTOS DE LLAVES. UNA ES LA CLAVE QUE "COMPARTES" CON OTROS PARA RECIBIR TOKENS DE BITCOIN. LA OTRA CLAVE ES UNA CLAVE "SECRETA", QUE NO DEBE SER COMPARTIDA CON NADIE. [FUENTE DE IMAGEN: WIKIPEDIA COMMONS]

3. Puedes elegir mantener tus "tokens" (cantidad de la criptomoneda que posees) de criptomoneda en tu billetera. También puede optar por enviar tokens a otra entidad con una billetera de criptomonedas.

Legalmente hablando

Tomó poco tiempo para que muchas personas en todo el mundo adoptaran un sistema de criptomonedas. Años después del debut de Bitcoin en el mercado, un número cada vez mayor de personas comenzó a ver su potencial y, por lo tanto, tomó las primeras medidas para utilizarlo.

Y a medida que más y más personas mostraron entusiasmo en Bitcoin, más y más personas también le están prestando atención actualmente. Esto incluye los diferentes grupos que expresan preocupaciones a nivel legal.

El 25 de marzo de 2014, el IRS (Internal Revenue Service) en los Estados Unidos emitió una resolución: Bitcoin debe ser tratado como propiedad física, a efectos fiscales.

Por supuesto, algunos lo consideran injusto ya que no están dispuestos a pagar impuestos sobre las ganancias de capital. Según ellos, exigirles que paguen impuestos por Bitcoin les roba la posibilidad de utilizar un activo digital. Es extraño, dicen, ya que una criptomoneda es intangible, lo que la diferencia de una propiedad.

Por otro lado, algunas personas acogen con satisfacción la decisión del IRS. Para este grupo, tener que pagar impuestos es solo una pequeña preocupación. Detrás hay una importante y viene con un motivo de celebración: ¡se ha aclarado la legalidad de los Bitcoins!

"Una vez más, el genio tecnológico ha sido liberado de la botella... y este genio está siendo convocado por una persona desconocida llamada Satoshi Nakomoto y este genio está ahora a nuestra disposición para dar otra patada a la lata y reescribir el orden económico y La red de poder social.

Hay enormes cambios en curso en el mundo y creo que si hacemos esto bien, podemos reconsiderar muchas de nuestras instituciones para crear un mundo más sostenible, justo y equitativo.

Hay una revolución tecnológica en curso. Ahora estás familiarizado con todas estas tecnologías: movilidad, web social, aprendizaje automático, internet de las cosas, la nube, drones y robótica y big data

o I.A... Estoy convencido de que la tecnología más importante que nos llevará a las próximas 2 a 3 décadas no es ninguna de estas. Y se sorprenderá al oírme decir que es la tecnología subyacente de las criptomonedas como Bitcoin y su llamada BLOCKCHAIN"
-Don Tapscott en USI, París, junio de 2016

De igual manera, el hash rate está diseñado para ser impredecible. Si intentamos determinar un imput que vuelva un especifico output, la mejor forma es lanzar tantos imputs sea posible hasta que encontremos el resultado deseado.

Usemos a Bitcoin como ejemplo.

Para comenzar a excarvar o mining, los mineros de Bitcoin deben usar un imput con una lista de transacciones recientes que requieran de una verificación. Aquí es donde la naturaleza impredecible del hash rate entra en juego.

La única forma de determinar el valor correcto es buscándolo. Por lo tanto, si un dispositivo performa correctamente, el trabajo se vuelve posible y mucho más rápido.

Bitcoin usa la función de velocidad SHA (Secure Hash Algorithm) 256. Una vez que un minero de Bitcoin identifica un valor, el siguiente paso es tenerlo transmitido. Gracias a la transmisión, la lista de transacciones son entonces, verificadas, y esa lista de verificación se convierte en el siguiente bloque. El minero (es decir, el transmisor) recibe una ganancia por su contribución en la energía computacional.

Tiempo y mantenimiento. También tenemos que considerar un factor en el tiempo y mantenimiento requerido. Comenzar un equipo de excavación puede consumir mucho de tu tiempo teniendo en cuenta que debemos organizar los ordenadores correctamente.

También necesitaremos tiempo para familiarizarnos con la operación de excavación. Puedes ser solo tú el minero o podemos contratar a un empleado a que lo haga por nosotros. En cualquier caso, necesitamos invertir tiempo para esto ya que es crítico que comencemos a excavar rápidamente.

En relación a esto, debemos pensar también en mantenimiento, y mucho más si en los primeros meses como un minero de criptomonedas queremos continuar con la actividad. En este punto, tenemos que tener nuestro equipo de excavación chequeado.

Equipo de excavación requiere

mantenimiento regularmente. Especialmente si vivimos en una región calurosa, tal vez necesitemos priorizar la instalación de ventilación en la locación donde se dará la excavación. Esto ayudará a que el equipo permanezca activo durante todo el proceso de excavación.

Muchas grandes compañías de excavación conocen este hecho. Incluso contratan personal tan solo para que cuiden de sus equipos de excavación.

"Deberíamos pensar en blockchain como otra clase de elemento a la internet- una comprensiva información tecnológica con varios niveles técnico y múltiples clases de aplicaciones para cada forma de registro de activos, inventarios, y cambio incluido en cada área de las finanzas, economía y dinero. Activos duros (propiedades físicas, casas, coches), y activos intangibles (votos, ideas, reputación, intención, información de salud, información en general, etc). Pero el concepto de blockchain es mucho más. Es un nuevo paradigma organizacional para el descubrimiento, valoración y transferencia de toda quanta (unidades discretas) de cualquier cosa, y potencialmente para la coordinación de toda actividad humana a una escala muchomás grande de lo posible anteriormente."

Melanie Swan

"Ese término me gusta realmente-innovaciones sin permiso- porque cualquiera que tenga una idea y una solución puede aprovechas o puede apalancar el blockchain de Bitcoin"

Barry Silbert

Capítulo 5

Ventajas y desventajas

Si invertimos en criptomonedas sabiamente, esto puede guiarnos a un camino de fortuna.

Erik Finman es el ejemplo de una historia exitosa. Él invirtió en Bitcoin a $12 en 2011. Actualmente, 403 tokens de Bitcoin están a su disposición y esos tokens ¡hoy valen millones!

Por otro lado, incluso si invertimos en criptomonedas sabiamente, existe la posibilidad de que perdamos. Después de todo, el precio de tal inversión no está garantizado a ir en ascenso constantemente. Pero no es raro de ver, no solo para inversiones de criptomonedas sino para todo tipo de inversiones.

El lado positivo

La mayor ventaja de inversiones de criptomonedas es la descentralización. La descentralización puede ser alcanzada a través de la creación de proxy tokens. Un sistema de garantía de fideicomiso puede funcionar igual de bien, también.

La descentralización es favorable para casi todos, sino todos. Esto quiere decir que no existe una autoridad central a cargo de las criptomonedas. Nadie puede tomar posesión de ellas, ni siquiera el gobierno. Por lo tanto, si eres dueño de una criptomoneda, la forma de su distribución depende solo de ti.

Esto también quiere decir que una criptomoneda está procesada a través de una network de bases (de par a par). Con un sistema de descentralización, las transacciones son hechas directamente en vez de a la espera de las acciones de un intermediario.

Además de la descentralización, aquí están las otras ventajas de las criptomonedas:

• **Transacciones instantáneas.** Las transacciones realizadas utilizando criptomonedas en la red de blockchain niegan la necesidad de servicios de terceros. Si bien pueden ayudar en dichas transacciones, estos proveedores de servicios de terceros (por ejemplo, notarios, abogados y corredores) pueden causar demoras.

- Debido a su ausencia en las transacciones, los individuos pueden realizar transacciones directas, casi instantáneamente. Tan pronto como deciden enviar dinero, estas personas pueden esperar que sus transacciones se procesen de inmediato y, en cuestión de horas, anticipan su finalización.

- **Accesibilidad pública.** Hay más de 2 billones de personas en todo el mundo que tienen acceso a internet. Pero no todas estas personas tienen acceso a los sistemas de intercambio tradicionales. Esta es una solución práctica para su problema, ya que no sería necesario que estén buscando un banco cuando no hay ninguno.

Por ejemplo, Kenia tiene un sistema M-PESA, un sistema de financiamiento y micro-financiamiento. Si eres residente del país, ser dueño de una billetera de criptomonedas te puede abrir las puertas.

Particularmente, si usted es dueño de una billetera de criptomonedas basada en dispositivos móviles, es elegible para realizar transacciones desde la comodidad de su hogar.

• **Más asequible.** Como se mencionó, las transacciones realizadas con criptomonedas no requieren la participación de un tercero. Debido a esto, no es necesario cubrir un porcentaje que se supone que es para el tercero.

Además de eso, los intercambios de criptomonedas no cobran tarifas de transacción. Y, por supuesto, la ausencia de tarifas de transacción equivale a tarifas generales más bajas. Esto es posible gracias a la compensación automática para los mineros por parte de la red de una criptomoneda en particular.

• **Reconocimiento universal.** Las criptomonedas son operativas en un nivel universal, lo que significa que son aceptables en cualquier país. Esta ventaja no se ve con las monedas tradicionales, lo que obliga a convertirlas antes de usarlas.

Por ejemplo, si está en México, debe convertir su moneda fiduciaria a MXN (Peso mexicano). De lo contrario, los establecimientos en México podrían considerarlos inaceptables y, por lo tanto, no utilizables.

Por otro lado, si estás en México con tokens de etherium, no necesitas convertir tus tokens de etherium a MXN. Si un establecimiento en México acepta tokens de ethe, puede utilizar estas criptomonedas para comprar tantos bienes y / o servicios como desee.

- **Casos de robo de identidad cero y transacciones fraudulentas.** Las criptomonedas están diseñadas para funcionar de acuerdo con un sistema de "empuje". Esto permite que las transacciones se realicen sin problemas solo con información sobre la cantidad exacta entregada al comerciante.

Los titulares de tarjetas de crédito se ven privados de esta ventaja. Cuando envían un pago, deben enviar su tarjeta de crédito (junto con otra información personal) al comerciante. Esto significa que un comerciante puede acceder fácilmente a la información personal.

Los inconvenientes

Cuando profundizamos en las inversiones en criptomonedas, es una regla memorizar su nombre de usuario y contraseña, o al menos, protegerlos. Tales detalles son vitales y la recuperación es casi imposible una vez perdidos.

Si olvida el nombre de usuario y la contraseña de su cuenta de correo electrónico, una solución rápida es hacer clic en el enlace "¿Olvidó la contraseña?". Pero una billetera de criptomonedas no funciona de la misma manera. Con una billetera de criptomoneda, no existe una solución rápida.

Aquí están los otros inconvenientes de estas inversiones:

• Una tasa de adopción relativamente baja. Mientras que su popularidad está aumentando, las criptomonedas son ajenas a algunas personas. Peor aún, una parte de esas personas no muestra el más mínimo interés en aprender su sistema.

• Incluso Bitcoin, que es el más popular en su categoría, no es conocido por todos. Bitcoin ha existido por más de cinco años. Pero aun así, no todos pueden usarlo porque una parte (o ambas partes) en una transacción es nueva en su concepto.

• Transacciones irreversibles. Las transacciones en criptomonedas son altamente seguras. Si bien esto debería ser ventajoso, esto podría ser contraproducente para nosotros. No puedes intervenir una vez que hayas iniciado el proceso.

• Es imprescindible tener mucho cuidado al enviar una gran cantidad de criptomonedas a alguien. Debe estar absolutamente seguro de que está enviando dinero a la persona correcta. De lo contrario, la única forma de recuperar el dinero perdido es pedirle a la persona del otro lado que lo devuelva. El hecho triste es que quizás no estés familiarizado con él en absoluto. Recuerda, el anonimato es parte del trato.

Sería un gesto amable que te lo devuelva. Pero si decide no hacerlo, puede ser casi imposible recuperarlo.

• La necesidad de internet. No puede iniciar transacciones de criptomonedas sin una conexión a internet decente. Esta es una preocupación importante para las personas que viven en países del tercer mundo (por ejemplo, India y Cuba). Y si Internet falla durante un día (aunque es poco probable), los mercados financieros sufrirán una caída devastadora.

• Una cualidad canjeable de esto es el rápido desarrollo de propuestas para una conexión a internet decente en todo el mundo. Con esto en mente, este inconveniente se puede superar en el tiempo.

El límite de suministro actual

Otro factor molesto es el límite de suministro de una criptomoneda, con la excepción del suministro de Monero. De acuerdo con aquellos que están ansiosos por el estado de su suministro, llegará el día en que la oferta se vacíe. De hecho, una persona puede presentar una ecuación de cuándo se agotará el suministro de una criptomoneda.

La ONU (Naciones Unidas) dice que se proyecta que la población mundial alcanzará el número de 9.7 mil millones para el año 2050. Digamos que incluso si solo un tercio de esa población, que es aproximadamente 3,23 mil millones, posee una sola ficha de criptomoneda, el suministro parece lejos de ser adecuado.

Bitcoin, por ejemplo, tiene un suministro de 21 millones (a partir de 2018). En general, puedes explotar solo 21 millones de bitcoins. Para 3,23 billones de personas, 21 millones de bitcoins son muy pocos.

El lado positivo es que la oferta puede crecer. Si bien todavía no hay conversaciones al respecto, sigue siendo una posibilidad.

¿Quién sabe? Los desarrolladores pueden cambiar el protocolo de la criptomoneda para permitir más espacio. Tal vez, puede llegar a más de un billón para entonces.

Otro lado positivo es que el número de criptomonedas en particular está aumentando. En los primeros días, había menos de cinco de ellos. Ahora, hay una alineación de Altcoins. Tienes ADA, IOTA, dogecoin, EOS y monero. Si puedes recordar, el suministro de monero es ilimitado.

Capítulo 6: El futuro

El futuro de las criptomonedas es prometedor. Recuerda, el mercado de la criptomoneda es todavía joven y casi cualquier cosa puede suceder. Desde la aparición de Bitcoin, la industria ha ido lejos.

Por un lado, Bitcoin aprovecha la tecnología blockchain. Por otro, está ether y XRP que ambos tienen su propia cadena de bloques.

Atrás quedaron los días en que solo había un puñado de criptomonedas. Ahora, hay más de 10 de estos activos digitales disponibles para todos en el mundo. Y por cómo van las cosas, más está por venir.

La mentalidad de un futuro inversor

Si está todo listo para invertir en criptomonedas, el siguiente paso es comenzar a llevar la mentalidad correcta. Adoptar y adaptar.

También puedes seguir los pasos de prometedores inversores en criptomonedas como Barry Silbert, Cameron y Tyler Winklevoss, y Tony

Gallippi. Con sus consejos, tú también puedes hacerlo a lo grande.

Una regla fundamental es tratar las inversiones en criptomonedas como la forma en que se tratan las inversiones especulativas. Esto es favorable para ti porque su misma naturaleza se basa en especulaciones. A diferencia de las inversiones tradicionales, que se definen como la aplicación de un recurso para una buena oportunidad de rentabilidad, las inversiones especulativas conllevan un riesgo mucho mayor.

Recuerda, las criptomonedas no tienen valor intrínseco. Son altamente susceptibles a los cambios de precios. En pocas palabras, las criptomonedas son capaces de aumentar el riesgo de pérdida para un inversor.

Por otro lado, invertir en un activo que es susceptible a cambios de precios no equivale a una gran pérdida. Y ciertamente no niega la posibilidad de una alta rentabilidad.

Considérate advertido. Si crees que puedes desafiar el destino de una inversión altamente volátil, entonces hacer una inversión en criptomoneda es ideal para ti.

Una burbuja a punto de estallar

Tener inquietud por poner dinero en las criptomonedas no es algo malo. De hecho, una lista de expertos en inversiones tampoco confía en estos activos digitales. Para nombrar algunos, están Warren Buffett (Berkshire Hathaway), Seth Klarman (administrador multimillonario de fondos de cobertura) y Ray Dalio (Bridgewater Associates).

Estas personas han expresado sus sentimientos negativos sobre las criptomonedas, especialmente Bitcoin. Según ellos, se niegan a invertir en criptomonedas porque es simplemente una burbuja, y como cualquier burbuja, la ven explotar pronto.

El dinero del futuro

Por otro lado, una gran cantidad de expertos en criptografía y personalidades destacadas (por ejemplo, John McAfee) consideran las criptomonedas como "El dinero del futuro". Al asignar un apodo a las monedas digitales, están dirigiendo las ventajas de las criptomonedas al mundo moderno.

La creación de Bitcoin permitió que las personas sean menos dependientes, o incluso serán completamente independientes, del dinero tradicional. Este fue un voto positivo para aquellos que no tenían confianza en las instituciones financieras y los bancos centrales.

En Venezuela, las criptomonedas - Bitcoin, en este caso - sirven como una forma importante de cambio de moneda. Esto se debió al fracaso de las monedas emitidas por el gobierno para prosperar en una economía hiper-inflacionada.

Además, los venezolanos han optado por depender más de sus dispositivos móviles que de las monedas emitidas por el gobierno. Aparentemente, sus dispositivos móviles pueden ayudarlos mejor y otorgar estabilidad al procesar transacciones.

Si aumenta la cantidad de países cuyas necesidades reflejan las de Venezuela, no es difícil ver un mundo en el que las criptomonedas sirvan como dinero del futuro.

Aparte de Venezuela, los grandes nombres también están abiertos a la idea de las criptomonedas. Esto es de acuerdo con varios estudios, incluyendo uno de Forbes.

Aquí hay algunos notables:

• Suiza está aceptando bitcoins para impuestos y otros pagos relacionados con el gobierno.

• El metro, McDonald's, eBay, Expedia y Microsoft están comenzando a aceptar las criptomonedas como pago.

• Dubai planea ser la primera "ciudad de blockchain" en el mundo.

Un saludo al mundo del viaje.

La industria de viajes también permite que la criptomoneda juegue un papel importante. Más investigación está en camino. Esta vez, se trata del uso de las criptomonedas para aprovechar los negocios de las agencias de viajes.

Un director de investigación en una plataforma de inteligencia de viajes elogia la tecnología blockchain. Él dice que la característica de las criptomonedas que gira en torno a la tecnología de la cadena de bloques permite que cambien las reglas del juego tanto para las agencias de viajes como para los viajeros que transitan con un presupuesto ajustado.

La misma fuente dice que los destinos particulares están adoptando el uso de la tecnología blockchain para la agregación del inventario de viajes. Esto significa que estos destinos podrían ofrecer una opción más amplia para viajes con tarifas competitivas. Esto, a su vez, se traduce en ofertas más baratas.

Aquí hay una lista de agencias de viajes que aceptan criptomonedas:

• Surf Air
• CheapAir
• BTCTrip

Criptomonedas sin internet

Y para solucionar un inconveniente de la necesidad de Internet de las criptomonedas está el proyecto Kryptoradio. El proyecto, operado por un equipo finlandés de desarrolladores de software, se centra en las posibilidades de enviar criptomonedas a través de DVB-T (Digital Video Broadcasting – Terrestrial).

Un codificador y un decodificador son vitales en el componente de software del proyecto. Ambos admitirán las fuentes de datos y luego convertirán los datos en formas aceptables.

Este proyecto aprovecha la flexibilidad de la plataforma DVB-T entre otras tecnologías. Le permite al equipo comenzar con un pequeño ancho de banda y aumentar la escala según sea necesario. Cuando aumenta el tamaño de un bloque, el equipo puede mejorar para satisfacer los requisitos.

Hasta ahora, el proyecto va bien. Su enfoque actual es la optimización del ancho de banda y el uso de múltiples monedas (entre otras).

"Si quieren pruebas de que Bitcoin es real, envíenmelas, las cobraré y alimentaré a las personas sin hogar".
- Jason King

"Esta puede ser la forma más pura de democracia que el mundo haya conocido, y por mi parte, estoy encantado de estar aquí para ver cómo se desarrolla".
- Paco Ahlgren.

Capítulo 7

7 Consejos o tips parainvertir en Criptomonedas.

Si estamos equipados, desde el punto de vista financiero, para empezar un negocio lucrativo, invertir en criptomonedas vale la pena ser considerado. El precio de algunas criptomonedas, después de todo, se ha disparado últimamente. En los años venideros, esos números puedenseguir creciendo.

Entonces, la línea no comienza y termina con nuestra capacidad financiera. No porque seamos financieramente capaces de invertir en criptomonedas, el camino haciala riqueza está escrito en piedras. Así que podemos considerar estos consejos como útiles para nuestras operaciones.

Tip#1: Enfocarse en resolver un problema

El primer tip es direccionar tu atención como un "Investor" de criptomonedas correctamente. Esto significa enfocarse en la necesidad más que en la satisfacción de la ganancia: la necesidad de resolver un problema.

Con esto en mente, te estás diciendo a ti mismo que una inversión en criptomonedas es necesaria. Y por lo tanto, tiene que ser una inversión que tienes que tomar seriamente y priorizarla.

Un beneficio importante de esto es la habilidad de condicionar tu mente en emplear una estrategia efectiva. Esto ajusta (o re-ajusta) tu estrategia de simplemente obtener una ganancia a maximizar e incluso palanquear tu rentabilidad.

¿Cuál es el problema?

Ahora, volviendo al tema de resolver un problema con criptomonedas. Como una manera de determinar el problema, pregúntate a ti mismo: "¿por qué estoy interesado en inversiones de criptomonedas?"

Si tu respuesta se acerca a "porque hace que las transacciones financieras sean más fáciles" entonces ¡aquí has encontrado el problema!

El problema: La dificultad de procesar transacciones financieras con monedas tradicionales.

Pensar potencial y disruptivamente

Si excavamos profundamente, te darás cuenta que tu problema (la dificultad de procesar transacciones financieras con monedas tradicionales) es muy probable que sea el problema de otros también.

Esto significa que el problema podría ser uno global. Y porque estamos intentando resolver un problema global también estamos invirtiendo es una solución global.

Más importante aún, esto significa que estás poniendo tu dinero dentro de una inversión variable con un valor global.

Este siempre tiene que ser tu modo de pensar.

Al enfocarnos en resolver un problema,

tienes una gran posibilidad de invertir en una criptomoneda con un potencial disruptivo, y el potencial de ganar una fortuna.

Tip #2: limita el tipo de criptomoneda en tu porfolio.

A medida que avanzamos, diversificar tu porfolio de inversiones es un movimiento inteligente. Esto te permite reducir pérdidas en caso de que las cosas "se vayan hacia el sur".

Pero un consejo más efectivo es diversificar tu porfolio de inversión selectivamente. Como también solo deberías invertir en criptomonedas que sean familiares para ti. De otra manera, podrías no ser capaz de mantenerte informado de todas las criptomonedas.

Un investor y trader activo

Este tip tiene mayor significación si eres un "trader" y no solo un inversor. Recuerda, la base del éxito en esta clase de industria no es solo suerte. Necesitas poner además un esfuerzo extra, lo que significa estar al día con todas las inversiones de tus criptomonedas.

Respecto de esto, pon énfasis en una criptomoneda con impacto global en particular. ¿Cómo se mantiene global? ¿Todavía resuelve un problema global?

Comparación entre BTC y USD

Si en el contenido de tu porfolio encuentras otras criptomonedas más que Bitcoin, es consejo sabio comparar esa criptomoneda con Bitcoin o con el dólar estadounidense. Haciendo esto, te da cierta idea de "seguridad".

Otra razón por la cual deberías comparar criptomonedas con Bitcoin es bastante explícito: Bitcoin es (discutible) la criptomoneda más popular y el USD es también la moneda más conocida

Tip #3: Concéntrese en la capitalización del mercado, en lugar del precio de la moneda.

El tercer consejo es percibir directamente, en lugar de buscar algún tipo de gratificación instantánea. Ten en cuenta los precios de las criptomonedas, pero descarta la idea de que el valor de una criptomoneda gira en torno a su precio.

Para hacer esto, necesitas enfocarte en la capitalización del mercado. La capitalización de mercado se refiere al valor total de mercado de una criptomoneda.

Determinación de la capitalización de mercado

Puedes calcular la capitalización de mercado de una criptomoneda en tres pasos:

1. Encuentra el precio.
2. Encuentra el número total de esa criptomoneda en circulación.
3. Multiplica el precio por el número total.

Por ejemplo, Bitcoin. Su precio es de aproximadamente $ 12,000 (a partir de enero de 2018). Y el número de Bitcoins en circulación es de unos 16.780.000. Al multiplicar los dos datos, puede obtener la capitalización de mercado de Bitcoin. 201,360,000,000.

Especificado sobre no especificado

Aparte de esto, el precio de una criptomoneda es de un valor no especificado, y con frecuencia cambia para bien o para mal. El precio es arbitrario y utiliza la oferta en circulación como base.

Hipotéticamente, solo hay cinco Bitcoins en circulación. Si el precio de uno de esos bitcoins es de $ 500, invertir una cantidad de $ 1,000 no altera los méritos de su inversión de $ 1,000.

Tip #4: Prioriza las ganancias a largo plazo sobre las de corto plazo.

Si apuntas a un mayor retorno de la inversión, debemos apuntar a ganancias a largo plazo. Evita ceder a la inestabilidad mental; esto consume mucho tiempo y te lleva a tomar decisiones de juicio irracional.

Di NO a las decisiones basadas en el pánico

Ya que estamos en inversiones en criptomoneda a largo plazo, evita tomar decisiones basadas en el pánico. La parte difícil en un período de espera es la tentación de sentirse abrumado.

Aquí hay algunos ejemplos de decisiones basadas en el pánico:

• Decidir vender tus Bitcoins tan pronto como el precio de cada token caiga 0.2%

• Decidir vender todos tus Bitcoins porque tus amigos te dicen que su precio bajará

• Decidir vender todos tus Bitcoins tan pronto como escuches la noticia de que Warren Buffett no cree en la criptomoneda Mientras que creer en tu instinto puede eliminar el miedo, la preocupación y la duda, no debe designar tu "intuición" como la autoridad que realiza los intercambios. En su lugar, debes permanecer exento a pesar de cualquier mala noticia.

Más importante aún, debes mantenerte enfocado en sus metas. Aprende a enfrentar inconvenientes menores para obtener recompensas a largo plazo.

Tip #5: Recuerde, las inversiones en criptomonedas son como las inversiones en productos básicos.

El quinto consejo es entender que las criptomonedas son similares a los productos básicos. Los productos básicos son activos "reales" (es decir, utilizados en industrias). También se negocian a través de transacciones de mercado abierto.

Un ejemplo de un producto útil es un metal precioso (por ejemplo, plata, oro y platino). Se utiliza en la industria de los joyeros.

Una criptomoneda funciona de la misma manera que un metal precioso. Como activo, se utiliza en las industrias de finanzas y seguros. Al mismo tiempo, también se negocia a través de transacciones de mercado abierto.

Jugando con las reglas

Con esto en mente, debes considerar cómo funcionan las inversiones en productos básicos. La Ley de Oferta y Demanda juega un papel crítico porque cuando las demandas aumentan, también lo hace la oferta.

Particularmente, presta atención al uso de las criptomonedas. Después de todo, el uso es un criterio importante cuando se invierte. Tomar en consideración la naturaleza imperativa del análisis fundamental.

Tip #6: No te involucres en el comercio compulsivo.

Entonces, recuerda no participar en el comercio compulsivo. Sí, en una industria donde las ganancias y las pérdidas pueden entrar en vigencia en unos pocos segundos, no es un hecho raro.

Un resumen

El comercio compulsivo se refiere a un desorden donde un inversionista termina negociando más de lo necesario. Es un desorden porque el comerciante compulsivo no puede controlar su propia actividad comercial (es decir, el número de operaciones que realiza).

En lugar de tomar decisiones acertadas, un comerciante compulsivo actúa en lo que él asume que es lo mejor para él. Su comportamiento es de alguna manera similar a uno que toma decisiones basadas en el pánico.

Al igual que el tomador de decisiones basado en el pánico, basa su decisión en cambios repentinos (y en su mayoría, insignificantes) en las posiciones del mercado. Aparte de simplemente entrar en pánico cuando los precios (de sus inversiones) bajan, también se regocija innecesariamente cuando suben los mismos precios.

Crear estrategias

Por lo tanto, siempre hay que planear estrategias. Si identificas un cambio repentino en las posiciones del mercado, puedes entrar en pánico y alegrarse de todo lo que quieras. Pero no bases tus decisiones en estos factores.

Piensa racionalmente comerciando de acuerdo a tu mejor interés. Evita tomar decisiones apresuradas y recuerda que estás en una industria donde las posiciones del mercado realmente cambian.

Tip #7: Obtén updates de fuentes confiables.

El último consejo es práctico: confía en las fuentes correctas. En pocas palabras, debes escuchar las noticias. Y debes hacerlo regularmente.

Dado que es una gran ventaja ser un inversor activo en criptomonedas, debes escuchar los últimos acontecimientos de su inversión. Presta atención a la información como:

• Precio de mercado actual
• Valor de mercado
• Alcance global

También es una buena idea estar al tanto de las noticias de un nuevo inversionista famoso. Esto significa que la celebrada personalidad ve el potencial de crecimiento posible de una criptomoneda en particular. Más importante aún, es noticia de una posible influencia en la criptomoneda.

Un aspecto peligroso de esto es si simplemente escuchas las noticias sin validar sus fuentes. La cantidad de sitios de noticias que informan los últimos acontecimientos en la industria de las criptomonedas está aumentando. Desafortunadamente, el número de sitios de noticias fraudulentos también está creciendo.

Formas de descubrir noticias "reales"

En lugar de creer inmediatamente en lo que predica cada sitio de noticias, debes aprender a estar atento. Sus afirmaciones pueden ser fáciles de creer e incluso pueden ser favorables para ti, pero por lo que sabes, sus informes podrían ser una completa basura.

Así que debemos

• Determinar si los autores de los artículos son individuos confiables. Realiza una búsqueda rápida en Google de los autores. Localiza sus artículos anteriores, aprende sobre su reputación e identifica su competencia en las criptomonedas.

• Buscar errores en la gramática y la ortografía. El trabajo erróneo sugiere que un sitio de noticias no se preocupa por la calidad de sus noticias. Lo que es más importante, esto sugiere que el objetivo de un artículo de noticias es simplemente ser publicado, y no es algo que deba tomarse en serio.

• Busca citas. Debes validar fácilmente cualquier reclamación. El autor no debería hacerte las cosas difíciles.

• Observar cualquier sesgo. Por lo general, una fuente confiable no niega un argumento que no favorece su versión de la historia. En su lugar, se discute a fondo para que nosotros (como lectores) podamos emitir un juicio sólido e independiente.

• Determinar si el realismo es un elemento. Si una noticia parece fuera de este mundo, lo más probable es que lo sea. Para estar seguro, investiga sobre dicho reclamo y ve si otros sitios de noticias también informan sobre el mismo tipo de infromación.

Conclusión

Gracias por tomarte el tiempo para leer este libro, CRIPTOMONEDAS. Espero que hayas disfrutado al leerlo desde el primer capítulo al último.

Espero que también hayas aprendido todo lo que necesitas ya que este libro provee de discusiones útiles referidas al tema- desde el comienzo del dinero y las criptomonedas y también las alternativas a Bitcoin, sobre la minería de las criptomonedas y el futuro de las mismas.

En el capítulo final 7 tips para inversiones en Criptomonedas, espero que lo uses como una lista de consejos para que puedas convertirte en un inversor en criptomonedas. Con esta base, podrás comenzar a invertir sabiamente.

Recuerda no abrumarte con todo el concepto de las criptomonedas. Si tienes que hacerlo, tómalos uno por uno. Pronto podrás estar al tanto de cómo funcionan. Y con suerte podrás ver los frutos de tu labor.

Así que, avanza y encaja tu uña en la industria de las criptomonedas. Parece ser que este activo digital seguirá teniendo días de éxito. Incluso si eres un novato o si quiere re-invertir en ellos, no tengas miedo de hacerlo. Puedes usar este libro como ayuda

Parte 2

Introducción

En los últimos dos años se ha visto un creciente interés público y mediático en Bitcoin y otras criptomonedas populares. Esto debido especialmente, al rápido aumento del valor de las principales criptomonedas en los últimos tiempos. Sus precios en alza han convertido a los inversores en criptomonedas en millonarios y multimillonarios. Considere esto: si usted compró un Bitcoin a $ 1000 en enero de 2017 y lo dejó sin tocar, tendría $ 17000 a principios de diciembre de 2017. ¡Eso es un beneficio del 1700%!

Las ganancias supranormales que se obtienen en el mercado de las criptomonedas han llamado la atención del público, y todos quieren involucrarse y hacerse una fortuna. Sin embargo, el mercado de las criptomonedas no está exento de riesgos. Si desea ganar dinero en criptomonedas, necesita tener una buena comprensión de la tecnología que la respalda y cómo podría implementarse en nuestro futuro. Este libro es una guía completa en criptomonedas. Le informará sobre los conceptos básicos, sobre cómo comenzar a invertir y ganar dinero en el mercado de las criptomonedas.

Capítulo Uno: Una Introducción a la Criptomoneda

El 22 de mayo de 2010, un desarrollador de Florida llamado Laszlo Hanyecz anotó su nombre en los libros de historia cuando pidió dos pizzas de pepperoni. No había nada realmente especial acerca de las pizzas. La transacción entró en los libros de la historia debido al modo de pago que Laszlo utilizó por la comida. Laszlo pagó 10,000 Bitcoins por las dos pizzas, por lo que esta fue la primera transacción en la que se utilizó una criptomoneda para pagar una mercancía en el mundo real. En aquel entonces, las criptomonedas eran prácticamente desconocidas. Un Bitcoin valía solo unos centavos en ese momento. Si Laszlo hubiera elegido conservar sus Bitcoins y renunciar a las pizzas, ¡sus Bitcoins hubieran valido más de 190 millones de dólares hoy!

Siete años después de la transacción histórica de Laszlo, las criptomonedas se han convertido en un fenómeno global. Si bien la mayoría de las personas no comprende los aspectos técnicos de las criptomonedas, todos hablan de ellas. Este libro te llevará al mundo geek de las criptomonedas y te ayudará a entender cómo funcionan y cómo puedes ganar dinero con ellas. Sin embargo, primero debemos responder la siguiente pregunta, "¿Qué es una criptomoneda?"

El término criptomoneda se refiere a cualquier medio de intercambio digital que se basa en la criptografía y el cifrado. Las criptomonedas se basan en las reglas de las matemáticas para regular la producción de nuevas unidades, garantizar la seguridad y prevenir el fraude. El término criptomoneda es una combinación de las palabras criptografía y moneda. Para desglosarlo aún más, una criptomoneda es simplemente un conjunto de entradas en una base de datos digital que solo se puede cambiar una vez que se cumplen las condiciones específicas. Cada unidad de criptomoneda dada se conoce como un token (componente Léxico) o una moneda. Dado que las criptomonedas son de naturaleza digital, no pueden ser impresas por el gobierno como es el caso de la moneda común. Entonces, ¿de dónde vienen? Antes de llegar a la forma en que se producen, primero debemos analizar más a fondo cómo funcionan. Mencioné que las criptomonedas se basan en las reglas de las matemáticas. Antes de que se pueda completar cualquier transacción de criptomoneda, debe ser verificada por una red de computadoras. Estas computadoras verifican la transacción resolviendo complejas ecuaciones matemáticas en un proceso conocido como minería. Al verificar las transacciones, esta red de computadoras mantiene todo el sistema en funcionamiento. A cambio, el sistema crea y otorga nuevas monedas a las computadoras en la red después de un número predeterminado de transacciones. Una cosa que diferencia totalmente las criptomonedas de las monedas ordinarias es que no están respaldadas ni reguladas por ningún banco, gobierno o autoridad central. Para garantizar la rendición de cuentas, las criptomonedas se basan en un sistema público no basado en la confianza conocido como blockchain, (lo explicaré con mayor detalle en el siguiente capítulo) para registrar y verificar las transacciones.

Historia de la Criptomoneda

Para la mayoría de las personas, las criptomonedas son un fenómeno bastante reciente. Antes de la llegada de Bitcoin en 2009, las criptomonedas eran prácticamente desconocidas. Sin embargo, los intentos de crear un sistema de pago digital comenzaron hace mucho tiempo. El fenómeno aparentemente nuevo que estamos viendo en la actualidad es en realidad el resultado de décadas de minuciosa investigación matemática y de experimentos de matemáticos y desarrolladores de pensamiento progresista.

El primer intento registrado de almacenar valor en algo distinto al efectivo ocurrió en la década de los 80, y se debió a la necesidad. Al darse cuenta de la enorme cantidad de dinero en la industria petrolera, los bandidos comenzaron a atacar las estaciones de servicio en zonas remotas de los Países Bajos por dinero en efectivo. Desafortunadamente, las estaciones de servicio no podían cerrar por la noche ya que los camiones necesitaban repostar. Para mantener a raya a los bandidos, a alguien se le ocurrió la idea de poner dinero en tarjetas inteligentes, dando nacimiento al dinero electrónico. En lugar de llevar dinero en efectivo, a los conductores se les emitieron estas tarjetas inteligentes, que luego podrían utilizar para repostar en estaciones de servicio.

Casi al mismo tiempo, un criptógrafo estadounidense llamado David Chaum estaba investigando diferentes formas de crear dinero electrónico. Una de sus principales preocupaciones era que el efectivo electrónico tenía que ser similar al efectivo ordinario, ya que permitiría a las personas realizar transacciones de mano a mano de forma segura y privada. Al mejorar el algoritmo RSA que se había inventado en 1977, a Chaum se le ocurrió una fórmula cegada que permitía el intercambio seguro de información inalterable. Chaum se mudó a los Países Bajos, para entonces un foco de investigación en matemáticas y criptografía, donde se unió a otros entusiastas de la criptomoneda para crear Digicash, la primera invención de dinero en Internet. Al igual que la moneda corriente, la compañía de Chaum controlaba el suministro y el uso de este efectivo digital.

La invención del dinero ciego de Chaum fue muy innovadora y, como resultado, recibió mucha atención de la prensa. La atención de la prensa trajo ofertas muy interesantes para Digicash, con Deutsche Bank, Microsoft y otras grandes corporaciones interesadas en asociarse con Digicash. Sin embargo, después de cometer una serie de pasos en falso y fallar en el Banco Central de los Países Bajos, Digicash terminó en bancarrota en 1998.

Tras la popularidad generada por Digicash de Chaum, muchas otras empresas de nueva creación se interesaron por las monedas digitales. En 1996, un académico aficionado de historia económica llamado Douglas Jackson ideó E-gold, una plataforma en línea que otorgaba a las personas créditos de oro (e-gold) a cambio de depósitos físicos en oro. E-gold fue impulsado por la noción de Jackson de que, dado que su moneda virtual estaba respaldada por oro, sería más fuerte que las monedas fiduciarias, que no están respaldadas por ningún activo físico. E-gold ganó mucha popularidad. Para 2005, la plataforma tenía más de 3.5 millones de usuarios en 165 países. Desafortunadamente, la popularidad de E-gold atrajo a muchos criminales y, como resultado, el FBI la cerró en 2005.

En 1997, un criptógrafo británico conocido como Adam Back ideó el algoritmo de prueba de trabajo (o algoritmo de consenso distribuido) "hashcash" que se convertiría en la base sobre la cual se construyen las criptomonedas de hoy en día. El algoritmo de Back inspiró el sistema que utilizan las criptomonedas de hoy en día para extraer nuevas monedas. En 1998, un graduado en Ciencias de la

Computación llamado Wei Dai desarrolló el funcionamiento de una moneda virtual conocida como b-money. En su libro blanco, Wei Dai propuso muchas de las características asociadas con la criptomoneda actual, incluido el anonimato y la descentralización. Sin embargo, Dai no implementó b-money.

Aún en la búsqueda de una forma viable de efectivo virtual, una compañía de software conocida como Confinity ideó un sistema que permitía a las personas realizar pagos por correo electrónico. Poco después, centraron su atención en permitir que las personas pagaran a los vendedores de eBay a través del correo electrónico, dando nacimiento a PayPal. PayPal obtuvo un éxito masivo y creció hasta convertirse en el actor más importante en pagos en línea.

En octubre de 2008, una persona o grupo de personas utilizando el seudónimo de Satoshi Nakamoto introdujeron Bitcoin, la primera criptomoneda moderna. En 2009, Satoshi extrajo el primer bloque de Bitcoin, dando lugar a una moneda digital que era segura y libre de regulación por parte de cualquier autoridad central. Bitcoin también fue la primera criptomoneda en aplicar el concepto de blockchain. Tras el éxito de la tecnología Bitcoin y blockchain, varios programadores y criptógrafos comenzaron a crear sus propias criptomonedas. En abril de 2011, Vincent Durham creó Namecoin, que agregó algunas características innovadoras a la infraestructura de Bitcoin. En 2012, se creó Ripple, que funciona tanto como una criptomoneda como una plataforma electrónica para transacciones financieras. Peercoin también se lanzó en 2012, introduciendo un nuevo método de seguridad de prueba de participación. Actualmente, existen más de 1500 criptomonedas en el mundo, cuya capitalización de mercado combinada es de más de $ 600 mil millones.

Atributos de una Criptomoneda

Las criptomonedas tienen ciertos atributos que las diferencian de las monedas fiduciarias. Éstos incluyen:

Anonimato: este atributo es una de las razones detrás de la popularidad de las criptomonedas. Las direcciones de monedero (wallet addresses)de las criptomonedas no están vinculadas al nombre o la dirección física de una persona. Esto permite a los usuarios de la criptomoneda hacer transacciones sin tener que revelar su identidad.

Transparencia: las criptomonedas utilizan un sistema no basado en la confianza que se basa en la transparencia. Cada transacción de criptomoneda se registra en un gran libro digital. La información dentro de este libro mayor es públicamente accesible para todas las computadoras en la red. Esto significa que cualquier persona puede ver todas las transacciones y la cantidad de monedas que posee cada dirección de criptomoneda. A pesar de esta transparencia, las direcciones no se pueden utilizar para identificar al propietario de las monedas.

Descentralización: uno de los atributos más revolucionarios de las criptomonedas es que no están regulados ni controlados por ninguna entidad central. En su lugar, las criptomonedas operan en un sistema de delegación, donde el procesamiento y la validación de las transacciones se realizan en todas las computadoras dentro de la red. Debido a su naturaleza descentralizada, ningún gobierno o autoridad central financiera puede influir en las criptomonedas. Su naturaleza descentralizada también significa que las criptomonedas están siempre activas. Si algunas de las computadoras en la red se desconectan, otras simplemente intervienen para llenar el vacío.

Velocidad: otro atributo que ha contribuido a la utilización masiva de las criptomonedas es su velocidad de transacción. Las computadoras en la red solo tardan un par de minutos en verificar una transacción de criptomoneda, lo que le permite enviar dinero instantáneamente a cualquier parte del mundo. Compare esto con los bancos que necesitan varios días para procesar y confirmar transacciones.

Facilidad de configuración: comenzar con las criptomonedas es muy fácil. No hay verificación. Simplemente instale unmonedero de criptomoneda en pocos minutos y estará listo. Compare esto con los bancos, que requieren que pase por una serie de verificaciones antes de poder crear una cuenta bancaria.

Irreversibilidad: a diferencia de las transacciones regulares de dinero, las criptomonedas no tienen reembolsos de cargo. Una vez que se completa una transacción, no se puede revertir.

Ventajas de una Criptomoneda

La aceptación masiva y la popularidad de las criptomonedas en los últimos años se deben a las distintas ventajas que ofrecen las criptomonedas. Algunas de estas ventajas incluyen:

Transferencia instantánea de fondos

Uno de los inconvenientes de los bancos y los sistemas regulares de procesamiento de pagos es que generalmente demora varios días procesar y confirmar los pagos. Las criptomonedas eliminan este inconveniente al permitirle transferir fondos a cualquier parte del mundo en cuestión de minutos. El mismo caso se aplica con los pagos con tarjeta de crédito. Si su empresa acepta pagos con tarjeta de crédito, debe esperar varios días antes de que el dinero llegue a su cuenta bancaria. Con los pagos en criptomoneda, los fondos son accesibles y están listos para ser utilizados inmediatamente una vez que se complete la transacción.

Protección contra el fraude

Uno de los principales desafíos que enfrentan las empresas en línea es el riesgo de fraude. Muchos estafadores de tarjetas de crédito compran artículos en línea y luego reclaman reembolsos de cargo, lo que conlleva a pérdidas para los negocios en línea. Con los pagos en criptomoneda, las empresas están protegidas contra estos estafadores ya que las transacciones en criptomoneda son irreversibles. Las transacciones en criptomoneda deben ser validadas por toda la red antes de que se complete la transacción, eliminando así el riesgo de pagos falsificados. Al pagar por los bienes que utilizan la criptomoneda, los clientes también mantienen su información financiera a salvo de los piratas informáticos que generalmente se dirigen a las pequeñas empresas.

Privacidad

Uno de los atributos de una criptomoneda es que tiene que ofrecer anonimato. Al no vincular información de identificación personal a su monedero de criptomonedas, puede intercambiar dinero con otras personas sin revelar su identidad. Esto es importante cuando desea mantener sus transacciones lejos de miradas indiscretas.

Acceso global

Una gran parte de la población en áreas remotas del mundo no tiene acceso a bancos e instituciones financieras. Sin embargo, la mayoría de la población en estas áreas tiene acceso a dispositivos móviles conectados a Internet. El número de usuarios de teléfonos móviles está programado para exceder los 4,7 mil millones a principios de 2018. Una gran parte de esta población depende de los dispositivos móviles para sus transacciones financieras. La criptomoneda le brinda a esta población la oportunidad de ahorrar su dinero y realizar transacciones financieras en sus propios términos.

Control total sobre sus fondos

Una de las desventajas de un sistema de pago controlado por una autoridad central es que nunca tiene el control total de su cuenta y sus fondos. El banco o compañía tiene la última palabra sobre su cuenta y fondos. Por ejemplo, usted no tiene control sobre su cuenta de PayPal. Si PayPal siente que no está cumpliendo con sus términos y condiciones, tienen el poder de congelar sus fondos sin siquiera consultarle. Con la criptomoneda, nadie ejerce tal poder sobre sus fondos. Usted tiene la propiedad total y el control sobre sus fondos. Nadie tiene acceso a la clave secreta de su monedero, lo que significa que nadie puede perder su dinero.

Cargos por transacción bajos

Otra desventaja de los bancos y las compañías de procesamiento de pagos convencionales es que cada transacción está acompañada por tarifas de procesamiento. Con la criptomoneda, no hay terceros, lo que significa que puede realizar transacciones sin ningún tipo de comisión. Sin embargo, debido a la naturaleza técnica de la criptomoneda, muchos usuarios confían en terceros para mantener sus monederos. Estos terceros definitivamente cobrarán una tarifa por sus operaciones, aunque sus tarifas no son tan altas como la que los bancos le cobrarán.

¿Son las Criptomonedas Dinero Real?

Desde que Bitcoin se introdujo por primera vez en el mundo, ha habido un gran debate sobre si las criptomonedas califican para ser denominadas dinero. El segundo y cuarto argumento ha atraído el apoyo de grandes actores en las industrias de criptomoneda y finanzas. Recientemente, el CEO y presidente de JPMorgan Chase se refirió a Bitcoin como un fraude. Pero, ¿es esto realmente cierto? ¿Las criptomonedas son realmente dinero? Para responder a esta pregunta, necesitamos entender qué es el dinero. El dinero se define por las siguientes propiedades:

Uniformidad: para que algo se denomine dinero, cada unidad de medida debe tener una unidad de compra similar a otra unidad de medida igual. Por ejemplo, un dólar tiene un poder de compra similar a otro dólar.

Portabilidad: para que algo se use como dinero, debe ser fácil de transportar y transferir a otros. Por ejemplo, no puedes usar un saco de papas o una cabra como dinero porque no puedes cargarlas fácilmente.

Divisibilidad: el dinero debe poder dividirse en unidades más pequeñas sin pérdida de valor. Por ejemplo, utilizando el ejemplo anterior, no puede dividir la cabra en unidades más pequeñas sin pérdida de valor.

Durabilidad: el dinero debe ser capaz de soportar el uso repetido: intercambio repetido entre personas, almacenamiento en bolsillos y billeteras, desgaste, etc.

Aceptabilidad: algo solo puede funcionar como dinero si es ampliamente aceptado como un medio de intercambio.

Fungibilidad: Esto significa que una unidad de dinero debe ser esencialmente intercambiable con otra unidad similar sin ganancias ni pérdidas. Esto significa que una unidad de dinero no debe ser superior a una unidad similar. Por ejemplo, un billete de diez dólares puede intercambiarse con otro billete de diez dólares sin ganancias ni pérdidas.

Basándonos en las propiedades anteriores del dinero, ahora podemos deducir si las criptomonedas cumplen con los requisitos del dinero. Las criptomonedas son uniformes, ya que cada unidad de criptomoneda tiene un poder de compra similar a otra unidad igual de la misma criptomoneda. Dado que las criptomonedas existen digitalmente, son extremadamente portátiles. No tienen restricciones de peso y tamaño. Puede almacenarlos en línea, en su computadora o en su teléfono inteligente. Transferirlos a otros es fácil y sin fricción. Compare esto con el papel moneda, que es incómodo y peligroso de llevar en grandes cantidades.

Las criptomonedas tienen una alta divisibilidad, y la mayoría es capaz de dividirse hasta en 8 decimales. A pesar de no tener el mismo nivel de aceptación que el dinero fiduciario, está creciendo constantemente. Actualmente, hay más de 35 millones de monederosde criptomonedas activas. Cientos de miles de empresas también aceptan pagos en criptomoneda. Teniendo en cuenta que la criptomoneda todavía se encuentra en su etapa inicial, su aceptación solo seguirá creciendo.

Las criptomonedas son entradas digitales que no existen físicamente. Esto significa que no enfrentan el riesgo de degradación física. Las criptomonedas no pueden ser destruidas como sucede con el papel moneda. Por lo tanto, siempre que tenga la contraseña de su monederoy lo mantenga seguro, no podrá perder sus criptomonedas. Finalmente, las criptomonedas son altamente fungibles. Puede intercambiar una unidad de criptomoneda por otra unidad similar sin ganancia ni pérdida. Sobre la base de las propiedades anteriores, se hace evidente que las criptomonedas pueden ser utilizadas como dinero real.

Capítulo Dos: Entendiendo la Tecnología Blockchain

Si has escuchado una o dos cosas sobre las criptomonedas, es posible que hayas oído hablar del blockchain o Cadena de Bloques, que es la tecnología que impulsa a Bitcoin y a cientos de otras criptomonedas. Más allá de esta definición común, ¿sabes qué es realmente el blockchain? ¿Sabes cómo funciona?

El blockchain como la conocemos hoy es una ingeniosa creación del inventor seudónimo de Bitcoin, Satoshi Nakamoto. Descrito simplemente, el blockchain es un registro descentralizado público y permanente de transacciones. En otras palabras, el blockchain es un libro de contabilidad público donde las entradas no se pueden modificar una vez que se han agregado. Sin embargo, también está descentralizado. ¿Qué significa esto?

La descentralización significa que no hay una autoridad central a cargo del poder para tomar decisiones. En cambio, esta responsabilidad es delegada a todos los miembros de la organización. Con el blockchain, esta responsabilidad recae en todas las computadoras dentro de la red. Por lo tanto, ninguna entidad puede regular el blockchain. En su lugar, los miembros se relacionan entre sí según las reglas matemáticas que todos deben obedecer. Si se debe tomar una decisión o transacción, todas las computadoras en la red tienen que aceptar que efectivamente ocurrió para que se verifique. Para hacer que el concepto de descentralización sea más fácil de entender, usaré una ilustración.

Tradicionalmente, cuando dos personas querían colaborar en un documento, una persona trabajaba en el documento y se lo enviaba a la otra persona para que pudieran agregarle sus revisiones. En este escenario, la primera persona no puede ver los cambios realizados por la otra persona hasta que se envíe una copia del documento revisado. La primera persona también tendría que esperar a que se devuelva el documento revisado antes de realizar más cambios. Al final, sería una sola persona quien decidía qué versión debería usarse como la versión correcta. Sin embargo, si las dos personas usaran el software Google Docs, ambas tendrían acceso simultáneo al documento. Ambos podrían hacer cambios al mismo tiempo y la última versión del documento estaría disponible para ambos al mismo tiempo.

Tener que enviar el documento para que se realicen los cambios se puede comparar con el funcionamiento actual de las bases de datos. Este es el sistema utilizado por los bancos para procesar saldos de dinero y transferencias. El acceso se bloquea brevemente en un lado, se realiza la transferencia y luego se vuelve a abrir el acceso. elblockchain, por otro lado, puede compararse con la aplicación Google Docs, donde todos tienen el mismo registro de la contabilidad pública en todo momento. No obstante, en lugar de ser compartido entre dos personas, el blockchain se distribuye entre muchas personas. Sin embargo, el blockchain lo lleva un paso más allá. En lugar de que una persona tome una decisión sobre qué documento debe usarse como la versión correcta, todas las personas con acceso al documento deben llegar a un acuerdo sobre la versión correcta. Hacer esto le da alblockchain una robustez similar a la de internet. No puede ser controlado por una sola persona y no tiene un solo punto de falla.

Al igual que la aplicación Google Docs, el blockchain siempre está en un estado de consenso. Se verifica consigo mismo cada pocos minutos y se actualiza automáticamente a la última versión en todos los nodos. Los grupos de transacciones entre cada actualización automática se conocen como un bloque. El constante estado de consenso tiene dos efectos. Primero, mejora la transparencia, ya que todos los miembros de la red pueden ver la última versión de la base de datos. Más importante aún, significa que el blockchain no puede ser dañado. Corromper el blockchain significaría ganar el control de la mayoría de las computadoras en la red. Si bien esto parece posible en teoría, es muy poco probable que ocurra, ya que necesitaría cantidades masivas de poder computacional. Tomar el control del blockchain también destruiría el valor de las criptomonedas.

Una red de nodos

El blockchain está formado por una red de computadoras conocidas como nodos. Estas computadoras ejecutan el protocolo blockchain, lo que les permite enviar y recibir mensajes entre sí. Los nodos pueden unirse voluntariamente a la red. Una vez que un nuevo nodo se une a la red, descarga automáticamente la última versión del blockchain. Estos nodos son uno de los elementos más importantes de cualquier red de blockchain. Una vez que un nodo se une a la red, se convierte en un administrador conjunto en la red. Se le da la responsabilidad de ayudar a verificar cada transacción que se realiza en la cadena de bloques. Después de la verificación, el nodo registra la transacción en un bloque. Esto continúa hasta que se completa un bloque, después de lo cual el nodo lo agrega al blockchain. La posibilidad de ganar monedas recién creadas actúa como un incentivo para que los nodos realicen estas tareas administrativas en la red de blockchain.

Cuando un usuario envía monedas a otro usuario, los nodos comprueban los datos de la transacción para garantizar su validez. Compara los datos de la transacción con su versión del blockchain y determina que las monedas no se han gastado dos veces. En el caso de que el nodo determine que los datos de la transacción no son válidos, automáticamente rechazará la transacción. También rechaza cualquier otra comunicación con el nodo que envió la transacción. Los nodos tienen una relación no basada en la confianza con otros nodos en la red. Por lo tanto, si un nodo envía datos no válidos a los otros nodos, cortan inmediatamente la comunicación con este nodo y lo excluyen de la red.

Sin embargo, si el nodo determina que los datos de la transacción son válidos, la transacción se reenvía a los mineros. Los mineros agrupan las transacciones en función del orden cronológico para formar bloques. Una vez que se completa un bloque, se devuelve a los nodos para su verificación. Toda la validación se realiza mediante nodos, ya que es imposible para ellos propagar información incorrecta. Una vez que los nodos confirman la validez de un bloque, ahora pueden agregarloal blockchain.

La efectividad de la tecnología blockchain se basa en las siguientes tres tecnologías principales:

Criptografía de Clave Secreta (O Criptografía Asimétrica)

El blockchain hace posible que las personas realicen transacciones a través de Internet sin la necesidad de un tercero de confianza. Sin embargo, para que la transacción sea segura, debe existir una forma de confianza. En Internet, la confianza se reduce a dos cosas:

autenticación (prueba de identidad) y autorización (prueba de permisos). En pocas palabras, tiene que haber una forma de verificar que alguien sea quien dice ser y que tiene permiso para hacer lo que sea que esté tratando de hacer.

En el caso de la tecnología blockchain, la confianza se establece mediante el uso de criptografía de clave secreta. La criptografía se basa en las matemáticas para cifrar la información en un código secreto al que no pueden acceder entidades no autorizadas. Para que uno acceda a la información, necesitan una clave para descifrar la información.

Una transacción de criptomoneda básicamente implica que alguien envíe datos cifrados a otra persona. Cada vez que alguien realiza una transacción en el blockchain, la transacción se cifra con claves criptográficas. Para cada transacción, se generan dos claves vinculadas matemáticamente, una pública y una secreta. Para que una realice una transacción cifrada, se necesita la clave pública. Para descifrar la transacción, uno tiene que tener la clave secreta. La clave secreta es la dirección delmonedero de monedas criptográficas, que permite a cualquier persona enviar datos cifrados (las monedas criptográficas) al propietario delmonedero. Sin embargo, para que el propietario reciba las monedas, tienen que descifrar los datos utilizando su clave secreta. La clave secreta muestra que usted es el propietario de la dirección del monedero. La clave secreta también confirma que tiene permiso para realizar transacciones, es decir, que tiene suficientes monedas para realizar transacciones. A través de la clave secreta, el blockchain confirma la autenticidad y la autorización, resolviendo así el problema de la confianza.

Una Red Distribuida

Para que el Blockchain sea efectivo, la autenticación y la autorización no son suficientes. También se necesita una Red de Pares distribuida (Peer to Peer

Network). Esta red ayuda a resolver el problema de la seguridad y el mantenimiento de registros. Para que las transacciones se acepten como válidas, deben ser confirmadas por toda la red. Esto se puede explicar utilizando un famoso experimento mental conocido como "si un árbol cae en el bosque". Sin embargo, nuestro experimento mental será ajustado ligeramente.

Si un árbol cayó en un bosque y hay dos cámaras que registran el evento, entonces podemos estar seguros de que el árbol realmente cayó ya que hay evidencia visual del evento. Sin embargo, si una cámara grabó la caída del árbol mientras que la otra no, no podemos estar seguros de que el árbol realmente cayó. Este es el concepto detrás del valor de la red blockchain. Los nodos dentro de la red son las cámaras en nuestra analogía. Si los nodos están de acuerdo en que el evento ocurrió en un momento determinado, entonces hay certeza de que el evento ocurrió. Para que una transacción se confirme como válida, la mayoría de los nodos deben alcanzar el consenso de que la transacción realmente se realizó. Sin embargo, en lugar de usar cámaras, los nodos usan rompecabezas matemáticos para la validación.

Cuando la criptografía de clave secreta se combina con esta red distribuida, el blockchain se vuelve más efectivo. Una persona, utilizando su clave secreta para probar la autenticidad y la autorización, anuncia a la red que está realizando una transacción, toda la red observa la transacción y confirma que efectivamente ocurrió.

Un incentivo para la seguridad y el mantenimiento de registros

Si bien la combinación de criptografía de clave secreta y una red distribuida parece infalible, tiene un defecto. ¿Por qué los nodos deben esperar para observar y confirmar que efectivamente se ha realizado una transacción? Dicho de otra manera, ¿cómo atrae la red a los nodos para confirmar las transacciones y así asegurar la red? Aquí es donde entra en juego la minería. Al realizar tareas administrativas y garantizar la seguridad de la red, los nodos son recompensados con monedas recién creadas. El interés propio de los nodos se utiliza para el bien público.

Capítulo Tres: Diferentes Tipos de Criptomonedas

Mencione la palabra criptomoneda y la mayoría de la gente pensará instantáneamente en Bitcoin. Para algunos, criptomoneda es un nombre alternativo para Bitcoin. Esto se debe a que Bitcoin fue el creador de la tendencia, líder entre una creciente ola de criptomonedas basadas en una red P2P descentralizada. Sin embargo, hay más en criptomonedas que solo Bitcoin. Hasta el momento, hay más de 1500 tipos diferentes de criptomonedas. Muchos más se están introduciendo al mercado cada día. Dado que Bitcoin se identificó como líder en el mundo de las monedas criptográficas, las otras criptomonedas se conocen como "altcoins", lo que simplemente significa que son alternativas a Bitcoin. La mayoría de estos altcoins fueron inspiradas por Bitcoin. Muchos usan una variación del protocolo de Bitcoin, con algunos cambios realizados para reflejar su objetivo principal. Sin embargo, no todas las altcoins son variantes de Bitcoin. Algunos desarrolladores han construido sus altcoins desde cero, con su propio marco central distintivo.

A pesar de la existencia de miles de criptomonedas, solo un puñado tiene alguna relevancia. De estas, incluso menos han logrado alcanzar una capitalización de mercado de más de $ 1 millón. En este capítulo, echaremos un vistazo a algunas de las criptomonedas más relevantes.

Bitcoin (BTC)

Esta es la primera y más conocida criptomoneda moderna del mundo. A pesar de que la mayoría de las personas no entienden mucho al respecto, casi todos han oído hablar de Bitcoin. Bitcoin es un sistema de pago digital peer-to-peer (p2p) que facilita las transacciones instantáneas sin tener que pasar por un intermediario. Bitcoin se introdujo por primera vez en el mundo en octubre de 2008, cuando alguien que usaba el seudónimo Satoshi Nakamoto publicó un documento técnico que describía la arquitectura y el método de trabajo de la criptomoneda. En enero de 2009, Nakamoto extrajo el primer Bloque de Bitcoin (denominado Bloque de Génesis), creando así los primeros Bitcoins. Al desarrollar Bitcoin, el objetivo de Nakamoto era transferir el control del dinero de los bancos y los gobiernos a la gente, de la misma manera que Internet transfirió el control sobre la información a la gente.

Los nuevos Bitcoins se crean como una recompensa por la minería, que es lo que mantiene el protocolo Bitcoin en ejecución. El protocolo de Bitcoin está configurado de manera que mantiene la tasa de producción de nuevos Bitcoins alrededor de un cierto promedio. Si se implementa una mayor capacidad de procesamiento para los nuevos Bitcoins, la minería se vuelve más difícil. Si se toma algo de poder de procesamiento de la red, la dificultad de la minería para nuevos Bitcoins disminuye. El protocolo se creó con un límite de 21 millones de Bitcoins, después de lo cual no se lanzarán más Bitcoins.

Bitcoin fue desarrollada para ser un sistema de pago, por lo que las personas pueden usar Bitcoin para comprar bienes y servicios tanto en Internet como fuera de línea. Actualmente, hay cientos de miles de empresas que aceptan pagos con Bitcoin. Además de usar Bitcoin para pagar bienes y servicios, Bitcoin también se puede negociar con otras monedas o se puede mantener como inversión. La tenencia de Bitcoin como un activo de inversión se ha vuelto particularmente popular en 2017, que vio cómo el precio de un Bitcoin subía de menos de $ 1000 a principios de año a casi $ 20,000 hacia fines de año.

Bitcoin se puede dividir en unidades más pequeñas conocidas como milibitcoins, microbitcoins y satoshi. La unidad más pequeña de Bitcoin es el Satoshi (0.00000001), que fue nombrado en honor al misterioso inventor de Bitcoin. Como la primera criptomoneda moderna, Bitcoin es la más fácil de obtener y goza de la más amplia aceptación. Bitcoin también es el más grande, con una capitalización de mercado de más de $ 300 mil millones, que supera la capitalización de mercado combinada de los altcoins en esta lista.

Ethereum (ETH)

Ethereum ocupa el segundo lugar después de Bitcoin en términos de popularidad y capitalización de mercado. Al igual que Bitcoin, Ethereum es una plataforma descentralizada de código abierto que se basa en la tecnología blockchain. Sin embargo, a diferencia de Bitcoin, Ethereum no es una plataforma de pago. En su lugar, es una plataforma que permite a los desarrolladores crear y desplegar varios tipos de aplicaciones descentralizadas basadas en blockchain, que se denominan DApps. Las fichas o monedas del protocolo Ethereum se conocen como Éther. Una de las características más destacadas de

Ethereum son los "contratos inteligentes", que son líneas de código que permiten la transferencia de valor con cero riesgo de fraude o interferencia. Esto significa que, aparte del dinero, los contratos inteligentes se pueden utilizar en la plataforma Ethereum para transferir otros objetos de valor, como acciones, títulos de propiedad y propiedad de automóviles, por mencionar algunos. Ethereum fue creado y lanzado en 2015 por Vitalik Buterin, un joven programador ruso-canadiense.

A largo plazo, Ethereum es mucho más prometedor que Bitcoin. Si bien las dos criptomonedas competidoras dependen de la tecnología blockchain, tienen grandes diferencias en términos de objetivos y capacidades. Bitcoin es estrictamente un sistema de pago, que es solo una aplicación de la tecnología blockchain. En lugar de centrarse en un uso como lo hizo Bitcoin, Ethereum permite a los desarrolladores crear todo tipo de aplicaciones descentralizadas. Esto significa que Ethereum tiene la capacidad de revolucionar todos los servicios y sectores que actualmente están centralizados. Al igual que Bitcoin, el valor de Ethereum ha crecido exponencialmente en 2017. El precio de un éter se ha disparado desde menos de $ 10 al comienzo del año a más de $ 750 hacia el final del año. Hoy, Ethereum tiene una capitalización de mercado de alrededor de $ 83 mil millones.

Hoy en día, hay dos blockchain de Ethereum paralelas, Ethereum (ETH) y Ethereum Classic (ETC). Ethereum Classic se introdujo después de una división que se produjo después de la piratería del proyecto DAO basado en Ethereum en septiembre de 2016, donde se robaron aproximadamente $ 50 millones de dólares de Ether.

Litecoin (LTC)

Litecoin se encuentra entre una de las primeras criptomonedas que se lanzara tras la aparición de Bitcoin. Insatisfecho con los largos tiempos de espera de las transacciones de Bitcoin, un ingeniero de software de Google llamado Charles Lee decidió crear su propia alternativa a Bitcoin, que lanzó en 2011 y llamó Litecoin. Al lanzar Litecoin, el objetivo de Lee era realizar cambios pequeños pero efectivos que mejorarían la eficiencia de Bitcoin y otras criptomonedas que dependían del sistema de verificación de prueba de trabajo (POW).

Uno de los principales cambios que hizo Lee fue la función criptográfica hash utilizada por Litecoin. A diferencia de Bitcoin, que utiliza el hash SHA256, Lee introdujo 'scrypt' en Litecoin. El cambio a "scrypt" permitió a Litecoin procesar y confirmar transacciones más rápidas. Las transacciones de Litecoin se verifican en aproximadamente dos minutos, mientras que Bitcoin puede demorar hasta 10 minutos en verificar las transacciones. Otra ventaja de usar 'scrypt' es que permitía a los usuarios con CPU de grado de consumo buscar monedas, a diferencia de Bitcoin, que requiere que los mineros tengan CPU especializadas para la minería.

Lee mantuvo la escasez incorporada que es característica de Bitcoin. Sin embargo, Litecoin tiene un límite de 84 millones de monedas en comparación con los 21 millones de Bitcoin. Al hacerlo, Lee le dio a Litecoin más liquidez, ya que hay más monedas disponibles para comprar, lo que evita que la acumulación se haya vuelto tan común entre los compradores de Bitcoin. Otra diferencia importante entre Litecoin y Bitcoin es que Litecoin utiliza un protocolo de minería ligeramente diferente, que permite una distribución más justa de las monedas extraídas. Litecoin también permite pruebas más rápidas e implementación de nuevas tecnologías. Por ejemplo, Litecoin fue pionero e implementó la tecnología SegWit (Testigo segregado) mucho antes de Bitcoin. Con todo, Litecoin es una criptomoneda fuerte con una buena reputación y principios económicos sólidos. Litecoin tiene actualmente una capitalización de mercado de alrededor de $ 19 mil millones.

IOTA (IOT)

Los desarrolladores de IOTA lo construyeron con el objetivo de convertirlo en la columna vertebral de Internet of Things (IOT). El Internet de las Cosas se refiere a la red de objetos físicos del día a día habilitados para Internet que utilizan sensores integrados para recopilar y transmitir datos. IOT incluye cosas como automóviles habilitados para Internet, computadoras, electrodomésticos de cocina, microchips, dispositivos de automatización del hogar, dispositivos de hospitales, etc. Al ser la columna vertebral de IOT, IOTA apunta a lograr su llamado de ser el "Libro mayor de todo".

Además de ser la columna vertebral de IOT, IOTA también se desarrolló para resolver algunos de los desafíos que enfrenta Bitcoin, incluidos los problemas de escalabilidad, velocidad y tarifas de transacción. IOTA tiene una diferencia clave entre esta y otras criptomonedas como Bitcoin. Mientras que Bitcoin y la mayoría de las otras criptomonedas se basan en tecnología de blockchain, IOTA se basa en algo conocido como "Tangle". Tangle es un grafo acíclico dirigido (DAG por sus cifras en inglés de *Directed Acyclic Graph*), un tipo diferente de libro mayor distribuido cuyo protocolo es diferente del protocolo blockchain.

Con las criptomonedas basadas en blockchain, la red de computadoras necesita verificar una transacción antes de que se complete. Con el Tangle, la verificación no depende de la red. En cambio, el Tangle se basa en un sistema que requiere que el remitente realice una prueba de trabajo antes de poder realizar su transacción. Al hacerlo, el remitente aprueba dos transacciones, combinando así la transacción y su verificación. Ya que depende del remitente proporcionar la prueba de trabajo, no hay necesidad de mineros.

Esto tiene dos beneficios. Primero, al eliminar a los mineros, Tangle hace que IOTA esté completamente descentralizada.

En lugar de tener jugadores que tengan un efecto en la red sin realmente usarla (los mineros simplemente habilitan la red, pero no la están utilizando), la red IOTA se mantiene únicamente por los "usuarios" que realmente están haciendo transacciones. Segundo, al hacer que el remitente apruebe dos transacciones antes de que puedan realizar su transacción, este sistema hace que el protocolo IOTA sea más rápido. También significa que un aumento en el número de usuarios conduce a una velocidad de validación más rápida. Esto es diferente a lo que normalmente ocurre con otras criptomonedas como Bitcoin, donde un aumento en el número de usuarios ralentiza el tiempo de validación. Como no hay mineros, los usuarios tampoco tienen que pagar ninguna tarifa por mantener la red. IOTA ha experimentado un crecimiento positivo en 2017, con un aumento de capitalización de mercado de $ 11 mil millones a finales de 2017.

Ripple (XRP)

Ripple es una plataforma que fue diseñada para permitir liquidaciones globales en tiempo real, así como para actuar como una red de cambio de divisas y remesas. Los tokens Ripple no deben utilizarse como medio de pago de bienes y servicios. En cambio, la red fue diseñada con el objetivo de permitir conversiones instantáneas entre diferentes monedas fiduciarias sin tener que depender de un intercambio central. Desde su lanzamiento en 2012, varios bancos han adoptado Ripple como una forma rentable de procesar pagos internacionales.

A diferencia de muchas criptomonedas, Ripple no se construyó como una variante de Bitcoin. En cambio, sus desarrolladores lo construyeron desde cero e incorporaron algunos cambios importantes en su arquitectura. A diferencia de la mayoría de las criptomonedas que utilizan un sistema de prueba de estaca o de trabajo para verificar las transacciones, Ripple utiliza un sistema de consenso único en el que las computadoras de la red siguen supervisando cualquier cambio. Una vez que la mayoría de las computadoras en la red observan una transacción, se agrega al libro mayor público. El sistema de consenso tiene una serie de ventajas sobre la prueba de trabajo o la prueba de sistemas de estaca. Las transacciones verificadas bajo el sistema de consenso se validan más rápido y requieren menos poder de procesamiento. Si bien puede parecer que los hackers pueden comprometer el sistema de consenso, está diseñado de tal manera que la red rechaza cualquier resultado no confiable.

Dado que la red Ripple está destinada a facilitar las conversiones de moneda cruzada, las Ripples se pueden intercambiar por una amplia gama de monedas fiat y altcoins. Algunas empresas también permiten que los clientes intercambien Ripples por millas aéreas y puntos de recompensa. A diferencia de los altcoins como Ether y Litecoin, que se venden en los intercambios de criptomonedas, hay que pasar por

Gateways (Puertas de Enlace) para comprar Ripples. Las puertas de enlace funcionan de la misma manera que funciona PayPal. Ripple actualmente tiene una capitalización de mercado de alrededor de $ 30 mil millones.

Dash (Dash)

Dash es una criptomoneda desarrollada por Evan Duffield y Kyle Hagan. Lanzado en 2014, originalmente se conocía como Darkcoin. Después de un año de existencia, cambió su nombre a Dash, que es la versión abreviada de Digital Cash. Al desarrollar Dash, Kyle y Evan querían crear una criptomoneda totalmente secreta y anónima. La mayoría de las criptomonedas no son totalmente anónimas. Aunque las direcciones no están vinculadas a información de identificación personal, la red conoce el número de monedas dentro de cada dirección y cualquiera puede realizar un seguimiento de las monedas a medida que pasan de una dirección a otra.

Esto hace posible que alguien conozca la identidad de los usuarios que no toman medidas para proteger su identidad. Para mantener a los usuarios en el anonimato, Dash utiliza una red descentralizada de código maestro que hace que las transacciones de Dash sean prácticamente imposibles de rastrear.

El alto nivel de anonimato ofrecido por Dash está habilitado por un sistema conocido como Darksend. Con este sistema, las computadoras especializadas conocidas como códigos maestros recolectan varias transacciones y las ejecutan simultáneamente, manteniendo así la transacción imposible de rastrear. Se vuelve imposible rastrear el origen y destino de las monedas. Para que sus transacciones sean aún más anónimas, puede elegir que los códigos maestros mezclen su transacción en varias rondas antes de completar la transacción. Para mantener este anonimato, el libro mayor de Dash no es de acceso público. El alto nivel de anonimato también ha impedido una amplia aceptación por parte de las empresas.

Otra característica distintiva de Dash es su algoritmo de hash. En lugar de usar el SHA256 o el hash scrypt, Dash usa un hash X11 único que requiere menos poder de procesamiento, lo que permite a los usuarios con CPU de grado de consumo buscar monedas Dash. Otras ventajas notables de Dash incluyen su rápida verificación de transacciones de aproximadamente 4 segundos y las bajas tarifas de transacción. Sin embargo, es probable que las tarifas aumenten una vez que más personas se unan a la red. Dash también tiene un sistema de votación para permitir la rápida implementación de cambios importantes. Con un tope de alrededor de $ 9 mil millones, Dash también tiene un precio excepcionalmente alto por moneda para altcoins.

Monero (XMR)

Monero es otra criptomoneda que, al igual que Dash, se centra en la privacidad y el anonimato. Monero fue lanzado en 2014 por un equipo de 7 programadores, 5 de los cuales eligieron permanecer en el anonimato. Debido a sus características de anonimato, rápidamente ganó popularidad entre los entusiastas de la criptomoneda. Como la mayoría de las otras criptomonedas, Monero es totalmente de código abierto. El desarrollo de la plataforma es impulsado por la comunidad y las donaciones. Monero se basa en un protocolo de criptografía particularmente fuerte conocido como "CryptoNote". También utiliza un hash único conocido como "CryptoNight". Para garantizar un completo anonimato y privacidad, Monero utiliza la técnica de "firmas de anillo". Esta técnica es una versión digital de firmas grupales. Cada transacción en la red de Monero está envuelta por un grupo de firmas criptográficas. De esta manera, es imposible identificar el remitente o el destinatario real en la transacción. Incluso con la dirección de la billetera de una persona, es imposible ver la cantidad de monedas en la billetera o hacer un seguimiento de dónde se gastan. Esto significa que es imposible que las monedas de Monero se contaminen como resultado de transacciones dudosas anteriores.

Las transacciones de Monero se verifican utilizando el mismo sistema de prueba de trabajo que utiliza Bitcoin. Sin embargo, una diferencia importante entre Bitcoin y Monero es que mientras que los tamaños de bloque de Bitcoin están limitados a 2MB, no hay limitación en los tamaños de bloque de Monero. La falta de tamaños de bloque limitados presenta el riesgo de que los mineros malintencionados utilicen bloques desproporcionadamente grandes para obstruir el sistema. Para garantizar que esto no suceda, el sistema tiene un método de penalización de recompensa de bloque incorporado. Esto significa que cada vez que un minero explota un nuevo bloque que excede el tamaño promedio de los últimos 100 bloques, su recompensa de bloque se reduce dependiendo de cuánto exceda el nuevo bloque el tamaño promedio de los últimos 100 bloques. La actual capitalización de mercado de

Monero es de $ 5 mil millones.

Neo (NEO)

Neo es una criptomoneda china que fue fundada por Erik Zhang y Da Hongfei. Neo está diseñada para ser una plataforma de economía inteligente, como Ethereum. Incluso se ha denominado "Ethereum de China". Neo fue lanzada por primera vez bajo el nombre de Antshares. En agosto de 2017, cambió su nombre a NEO Smart Contract Economy. El objetivo de NEO es muy similar al de Ethereum. NEO proporciona una plataforma donde los desarrolladores pueden crear aplicaciones descentralizadas e implementar contratos inteligentes. A diferencia de Ethereum, que solo es compatible con su lenguaje de programación Solidity, NEO se puede utilizar con lenguajes de programación comunes como C #, Python y Java.

Una de las diferencias clave entre NEO y Ethereum reside en el sistema de verificación utilizado por cada uno de ellos. Mientras que Ethereum utiliza una combinación de prueba de verificación de estaca o prueba de trabajo, NEO se basa en un sistema de consenso denominado Tolerancia Delegada ante falla bizantina (dBFT por sus siglas en inglés de*Delegated Byzantine Fault Tolerance*). En este sistema, en lugar de que todas las computadoras del sistema participen en la verificación, ciertos nodos se designan como contadores. Depende de estos contadores verificar los bloques antes de agregarlos a la blockchain. Si dos tercios o más de las computadoras en la red están de acuerdo con la versión del contable, se logra el consenso y el nuevo bloque se valida y se escribe en el blockchain. Si no se puede lograr un consenso, se llama a otro contable y se repite todo el proceso.

Debido a que el consenso bajo el sistema de DBFT solo necesita ser alcanzado por un subconjunto de la red, este sistema requiere menos potencia de procesamiento y permite que la red maneje un mayor volumen de transacciones. NEO afirma que es capaz de manejar más de 1000 transacciones por segundo, mientras que Ethereum solo maneja 15 transacciones por segundo. El sistema de DBFT también elimina la posibilidad de una bifurcación dura, lo que hace de NEO una excelente opción para digitalizar activos financieros del mundo real. La capitalización de mercado actual de NEO es de aproximadamente $ 4 mil millones.

OmiseGO (OMG)

OmiseGO es una criptomoneda que últimamente ha ganado mucha popularidad entre los entusiastas de la criptomoneda. Lanzada en 2013, es un proyecto interesante pero muy ambicioso cuyo objetivo es utilizar tecnología financiera basada en Ethereum para desbancar a los bancos. OmiseGO se basa actualmente en la plataforma Ethereum como un token ERC20, aunque eventualmente lanzará su propioBlockchain. La visión de OmiseGO es convertirse en la principal plataforma de intercambio de criptomonedas p2p. En lugar de ser solo un altcoins, OmiseGO está diseñada para actuar como una plataforma financiera con el objetivo de desbaratar el sector financiero como lo conocemos actualmente.

OmiseGO tiene como objetivo resolver un desafío que la mayoría de los intercambios de criptomonedas no han podido abordar. Para comprar una criptomoneda en la mayoría de los intercambios de criptomonedas, debe comenzar con una moneda fiduciaria. Para intercambiar un altcoin por otro, debe convertir los altcoins a fiat o Bitcoin y luego convertir el fiat / Bitcoin de nuevo a los altcoins que desee. A lo largo de este proceso, el intercambio cobra tarifas por cada transacción. Esto significa que usted pagará tarifas para convertir las primeras monedas alternativas a fiat / Bitcoin y pagar las tarifas nuevamente para convertir las fiat / Bitcoin a las segundas monedas alternativas.

OmiseGO planea resolver este problema

vinculando todoslos monederos de criptomonedas existentes a una blockchain OmiseGO central. De esta manera, los usuarios pueden intercambiar fácilmente altcoins por otros altcoins sin tener que convertirlos a fiat o Bitcoin. Esto significa que en lugar de tarifas múltiples, los usuarios solo pagarán una tarifa pequeña.

OmiseGO también tiene como objetivo llevar la descentralización a los intercambios de criptomonedas. Actualmente, la mayoría de los intercambios son operaciones centralizadas. Los registros de todas las transacciones, así como los datos sobre diferentes usuarios, se almacenan en bases de datos que se almacenan en los servidores de la empresa. OmiseGO tiene como objetivo descentralizar la funcionalidad de intercambio al tener toda la información de las transacciones y los datos del usuario almacenados en la blockchain. De esta manera, los datos son más seguros ya que un pirata informático necesitaría realizar un ataque del 51% (que obtiene el control de más del 51% de las computadoras en la red) para violar la blockchain, lo cual es prácticamente imposible. OmiseGO tiene actualmente una capitalización de mercado de alrededor de $ 1 mil millones.

NEM (XEM)

NEM es una revolucionaria criptomoneda que se lanzó en marzo de 2015. A diferencia de muchas otras criptomonedas creadas como variantes de proyectos existentes, NEM se construyó desde cero, con su propio código fuente único. NEM deriva su nombre del Nuevo Movimiento Económico, el grupo que creó la criptomoneda. NEM está diseñada como una tecnología basada en blockchain que puede personalizarse para adaptarse a diferentes propósitos comerciales. El núcleo del protocolo de NEM es lo que se conoce como el 'Sistema de Activos Inteligentes'.

Dado que NEM puede personalizarse para adaptarse a múltiples casos de uso, tiene usos potenciales ilimitados. Se puede utilizar como un libro de contabilidad central en el sector bancario, un medio para mantener registros seguros, un sistema de votación basado en blockchain, un servicio de depósito en garantía, como un medio para recompensar puntos en programas de lealtad, fondos colectivos, propiedad de acciones, etc. Esto demuestra cuánto potencial tiene NEM.

A diferencia de la mayoría de las plataformas de criptomonedas, NEM tiene una plataforma de mensajería. También tiene un sistema de recompensa y soporta transacciones multi-sig. Una de las diferencias clave entre NEM y otras criptomonedas es el método de verificación. En lugar de la prueba de trabajo o la prueba de participación, NEM se basa en un sistema único de prueba de importancia donde las oportunidades de cálculo de bloque se asignan en función de la contribución de un usuario al desarrollo y la distribución de la plataforma. Los usuarios que hacen una gran contribución son recompensados con más oportunidades. Esto permite una distribución justa de oportunidades mineras entre los usuarios.

La red NEM es rápida, con un tiempo de espera de verificación de transacción de aproximadamente un minuto. Esto significa que puede confiar en NEM para realizar transferencias de dinero globales instantáneas. Con el sistema de prueba de importancia, los usuarios no necesitan hardware costoso para extraer monedas NEM. La capitalización de mercado de NEM actualmente es de alrededor de $ 8 mil millones.

Capítulo Cuatro: Como Mantener su Monedero Adecuadamente y Segura

En el último año, los inversores, la banca, los medios de comunicación y el público en general experimentaron un enorme crecimiento del interés por las criptomonedas. Este interés ha llevado a una carrera alcista sin piedad en el mercado de la criptomoneda, registrándose un aumento significativo en el valor de todas las criptomonedas más populares. En 2017, el valor de un Bitcoin aumentó de menos de $ 1000 en enero a casi $ 20000 hacia el final del año, mientras que el valor de Ethereum aumentó de menos de $ 10 a más de $ 750 en el mismo período. Con la mayoría de las otras criptomonedas populares viendo incrementos similares en valor, no es de extrañar que la criptomoneda esté atrayendo el interés indeseado de los piratas informáticos. En este capítulo, veremos cómo puede mantener su monedero de criptomonedas a salvo de piratas informáticos.

¿Qué es un Monedero de Criptomonedas?

En la vida real, normalmente guardas tus billetes en una billetera. Del mismo modo, antes de comprar una criptomoneda, necesita tener unmonedero para guardar sus monedas. A diferencia de unmonedero normal, unmonedero de criptomonedas no es un objeto físico. Es básicamente un programa de software que le permite recibir, enviar y controlar el saldo de sus monedas criptográficas. El monedero consta de dos "claves", una clave pública y una clave secreta. La clave pública es su dirección de monedero. Esto es lo que otras personas usan para enviarle monedas. La clave secreta es lo que le permite enviar sus monedas a otros. Para enviar sus monedas, en realidad está firmando la propiedad de las monedas con su clave secreta.

Para facilitar la comprensión del concepto

de claves públicas y secretas, usaré una ilustración. Su dirección pública es como una máquina expendedora. Cualquiera puede poner dinero en una máquina expendedora. Del mismo modo, cualquier persona con la clave pública de su monedero puede enviarle dinero. Sin embargo, para obtener dinero de la máquina expendedora, el propietario necesita una clave real para la máquina. Sin la llave, nadie puede sacar el dinero de la máquina. Esto está representado por su clave secreta. Para acceder y usar el dinero en su monedero de criptomonedas, necesita la clave secreta. Cualquier persona con su clave secreta puede acceder y gastar sus monedas. Los hackers roban tus monedas robando tu clave secreta. Es importante tener en cuenta que la cartera de criptomonedas no almacena realmente sus monedas, solo almacena las claves que necesita para enviar y recibir las monedas. Cuando envías o recibes monedas, en realidad no se intercambian monedas. En cambio, la transacción es simplemente un registro en la blockchain que cambia el saldo en su monedero de monedas criptográficas.

Eligiendo un Monedero

Hoy en día, hay una amplia variedad de monederosde criptomonedas para elegir, lo que hace que elegir la correcta sea un desafío, especialmente si recién está comenzando con la criptomoneda. Tomar la decisión correcta se reduce a lograr un equilibrio entre la seguridad de sus monedas y la conveniencia. Para facilitar la elección, debe considerar las siguientes dos variables: valor de transacción y volumen de transacción. El valor de transacción es la cantidad de monedas que necesita para realizar transacciones a la vez, mientras que el volumen de transacciones se refiere a la frecuencia con la que deberá enviar o recibir monedas en un período de tiempo determinado. No hay una cifra absoluta para estas dos variables. Son relativos y variarán para diferentes personas.

Echemos un vistazo a los diferentes tipos

de monederos y cómo las variables anteriores influyen en qué monedero debe usar.

Monederos en Línea

También conocidos como monederos en la nube, son las más sencillas de usar y también son muy convenientes. Los monederos en línea almacenan sus llaves online. Si pretende tener un volumen y valor de transacciones bajos, un monedero en línea es una excelente opción. Esto significa que debe optar por un monedero en línea si tiene la intención de almacenar cantidades bastante pequeñas de monedas y realizar relativamente pocas transacciones. Si bien el término "bajo valor de transacción" es relativo, solo debe guardar sus monedas en un monedero en línea si se siente cómodo caminando con una cantidad similar de dinero en sus bolsillos en la calle. El acceso a un monedero en línea solo requiere una dirección de correo electrónico y una contraseña, lo que los hace bastante fáciles de usar. Dado que se puede acceder a ellos desde cualquier ubicación con conexión a Internet, también son muy convenientes. Sin embargo, dado que almacenan sus claves en Internet, los monederos en línea son los más vulnerables a los ataques de piratería. Debe asegurarse de que su monedero en línea tenga una contraseña muy segura para mantener sus monedas fuera de su alcance.

Monederos Móviles

Los monederos móviles también son muy fáciles de usar y son los más cómodos también. Estos son una buena opción para alguien que tiene la intención de enviar o recibir con frecuencia cantidades bajas de criptomoneda. Por ejemplo, alguien que con frecuencia realiza pagos en criptomonedas para obtener acceso a las plataformas de juego en línea debe considerar el uso de un monedero móvil.

La comodidad de los monederos móviles se debe a que la mayoría de las personas siempre llevan consigo sus teléfonos inteligentes. Esto les permite hacer pagos de criptomoneda en el lugar. Los monederos móviles ofrecen una mejor seguridad en comparación con las monederos en línea. Para evitar perder el acceso a sus monedas en caso de que pierda su teléfono, debe anotar su Frase Semilla (Seed Phrase) en un pedazo de papel y mantenerla segura.

Monedero de Papel

Los monederos de papel tienen un buennivel de seguridad. Sin embargo, son los menos convenientes de usar. Como tal, solo debe considerar una monedero de papel si tiene la intención de almacenar grandes cantidades de criptomoneda al hacer relativamente pocas transacciones. Para garantizar la máxima seguridad para sus monedas, debe configurar su monedero de papel usted mismo en lugar de confiar en un servicio en línea. Una cosa que debe tener en cuenta sobre los monederos de papel es que no puede gastar sus monedas directamente delmonedero de papel. Para gastar las monedas, debe importar su clave secreta a otromonedero. Si no tiene cuidado durante este proceso, puede negar todas las precauciones que tomó al configurar elmonedero de papel.

Monedero de Hardware

Los monederos de hardware ofrecen el más alto nivel de seguridad. También son bastante convenientes. Esto los convierte en una excelente opción si tiene la intención de realizar transacciones de alto valor de vez en cuando. La mayoría de los monederos de hardware parecen unidades flash USB. Sin embargo, a diferencia de las unidades flash, no tienen ningún espacio de almacenamiento para sus medios y otros archivos. En su lugar, están equipados con un chip especializado que almacena la clave secreta de su monedero. Esto les permite mantener sus monedas seguras incluso en el caso de que una persona maliciosa obtenga acceso a su computadora. Los monederos de hardware requieren una contraseña para acceder a la clave secreta del monedero, lo que mantiene sus monedas seguras incluso en caso de que alguien logre robar su monedero de hardware. Como es el caso de Los monederos móviles, debe anotar su frase semilla en un pedazo de papel y mantenerla segura. Esto le permite recuperar sus monedas si su monedero de hardware se pierde o se daña. A diferencia de los otros tipos de monederos que son gratuitos, usted tiene que pagar por una monedero de hardware.

Características Deseadas de su Monedero de Criptomoneda

Además de considerar el valor de la transacción y el volumen de la transacción, al elegir el tipo de monedero que necesita, hay otros factores que debe tener en cuenta a la hora de elegir elmonederoideal. Estos son:

Costo: algunos monederos son gratis, mientras que usted tiene que pagar por otros. ¿Estás dispuesto a gastar dinero para mantener tus monedas seguras?

Seguridad: ¿La compañía que proporciona el monedero tiene un historial de seguridad excelente? ¿Ha habido alguna violación de seguridad dentro de la empresa?

Movilidad: ¿Puedes acceder a tu monedero desde cualquier lugar, en cualquier momento?

Facilidad de uso: ¿Elmonedero tiene un diseño intuitivo? ¿Es compatible con diferentes tipos de criptomoneda?

Conveniencia: ¿Puede hacer una transacción rápida fácilmente cuando la necesita?

Estilo: Esto es principalmente para personas que buscan artilugios geniales.

Idealmente, un excelente monedero de criptomonedas debe tener una combinación de los rasgos anteriores, según sus necesidades y preferencias personales. A continuación se presentan algunos monederos populares que puede considerar:

Bread Wallet: este es un simple monedero móvil que se puede descargar desde la App Store. Bread Wallet hace que el proceso de envío de Bitcoins sea tan simple como enviar un correo electrónico. Este monedero es un cliente independiente, lo que significa que almacena sus claves en su teléfono y no en ningún servidor. Bread Wallet ofrece una buena privacidad y seguridad, tiene un diseño limpio, intuitivo y ligero y es de uso gratuito. Sin embargo, Bread Wallet solo soporta Bitcoin.

Mycelium: este es un monedero móvil Bitcoin sólido y seguro que es más adecuado para usuarios avanzados. El monedero está disponible tanto para dispositivos Android como iOs y brinda a los usuarios control total sobre sus Bitcoins. Mycelium incluye seguridad a nivel empresarial y ofrece funciones avanzadas como copias de seguridad cifradas en PDF, almacenamiento en frío, chat seguro, un mercado comercial local, un escáner de códigos QR integrado y muchos más. Este es uno de los mejores monederos móviles de Bitcoin disponibles.

Exodus: este es un monedero digital relativamente nuevo que actualmente solo funciona en PC. Exodus tiene una interfaz intuitiva y hermosa que es muy fácil de usar. Exodus te permite almacenar e intercambiar Bitcoins, Litecoins, Dash, Ether, Dogecoins y varias otras altcoins. Una de las características clave de Exodus es que tiene un intercambio Shapeshift integrado que le permite intercambiar altcoins dentro de la aplicación. El Exodus es de uso libre.

Copay: Este es un gran monedero digital gratuito que está disponible en línea, en el móvil y en la PC. Copay tiene una interfaz fácil de usar que es cómodo para principiantes, aunque también tiene un conjunto de características geek que impresionarán a los usuarios avanzados también. Una de las mejores características de Copay es que admite transacciones multi-sig.

Jaxx: este es otromonedero popular que admite varias criptomonedas, como Bitcoin, Ether, Ether Classic, Zcash, REP, Rootstock, DAO, Dash y Litecoin. Jaxx es compatible con varias plataformas, incluidas Windows, OSX, Linux, Android e iOS. También está disponible en línea a través de las extensiones de Chrome y Firefox. Al igual que Exodus, también tiene un intercambio Shapeshift integrado.

Armory: este es un monedero de escritorio de código abierto que se centra exclusivamente en la seguridad. Cuenta con un impresionante conjunto de características de seguridad que les encantarán a los usuarios avanzados, que incluyen almacenamiento en frío, copias de seguridad imprimibles por una sola vez, soporte para transacciones multi-sig, transacciones de monedero resistentes a GPU, interfaz de múltiples monederos, importación y barrido de claves y muchos más. Sin embargo, estemonedero no es muy adecuado para los principiantes. Armory soporta solo Bitcoin.

Trezor: Este es uno de los mejores monederos de Bitcoin de hardware. Trezor está diseñado para ser resistente a los malwares. Viene con una interfaz intuitiva que es compatible con Windows, Linux y OSX. Trezor ofrece una gran seguridad, pero tiene que pagar $ 99 por elmonedero.

Ledger Nano: este es otromonedero de hardware multi-sig que usa una segunda capa de seguridad para eliminar varios vectores de ataque. Ledger Nano admite varias criptomonedas y permite a los usuarios ejecutar aplicaciones de terceros desde el dispositivo. También viene con una pantalla que le permite realizar algunas operaciones sin conectar el dispositivo a una computadora. El Ledger Nano cuesta alrededor de $ 65.

Green Address: este es un monedero de Bitcoin simple,tan fácil de usar que es una excelente opción para aquellos que recién están comenzando con la criptomoneda. Green Address tiene aplicaciones de escritorio y móviles y también está disponible en línea. Estemonedero tiene muchas características de seguridad, que incluyen direcciones multi-sig, copias de seguridad delmonedero de papel, autenticación de 2 factores y confirmación de transacción instantánea. Sin embargo, no tiene control total sobre sus monedas ya que los pagos deben ser aprobados por Green Address.

Blockchain.info: Este es un monedero de Bitcoin en línea muy popular. Para mayor seguridad, Blockchain.info usa autenticación de 2 factores para los navegadoresy la aplicación móvil solicita una contraseña cada vez que se abre. Mientras que su monedero se almacena en línea, Blockchain.info no tiene acceso a sus claves secretas. En general, este es un buemonedero en línea que se ha ganado la confianza en la comunidad de Bitcoin.

Otras Cosas Importantes a Tener en Cuenta al Asegurar sus Monedas

Nunca deje sus monedas en los Exchanges
Esta es una regla que todos los usuarios de criptomonedas deben cumplir. Una vez

que haya comprado sus monedas criptográficas, transfiéralas inmediatamente a su monedero. Al dejarlos en el Exchange, se arriesga a perder sus monedas en caso de que el Exchange se cierre o sea hackeado (como sucedió con MtGox y Cryptsy).

Mantenga sus activos en un monedero donde tenga control sobre las llaves

Quien tenga el control de las llaves de su monedero tiene control sobre sus fondos. Por lo tanto, solo debe almacenar sus monedas en un monedero que le brinde un control total sobre sus llaves. Cuando deja sus monedas en la bolsa o las almacena en monederos en línea que tienen acceso a sus llaves, básicamente está cediendo la responsabilidad de mantener sus monedas a salvo de estos terceros. También debe considerar el uso de una frase de contraseña única para cifrar su monedero para mayor seguridad.

Utilice la autenticación de 2 factores en los Exchanges

Siempre asegure sus cuentas de Exchange con la autenticación de 2 factores. A veces, es necesario transferir sus activos a Exchange cuando necesita realizar transacciones. En tales casos, un pirata informático que ha comprometido su contraseña puede robar fácilmente sus monedas criptográficas. Sin embargo, con la autenticación de 2 factores, también necesitarán su código 2FA antes de iniciar sesión en su cuenta. Dado que estos códigos generalmente se envían a su teléfono por mensaje de texto, sería imposible que un atacante inicie sesión en su cuenta a menos que tenga acceso a su teléfono.

Tenga cuidado al enviar monedas a otros

Al enviar monedas a otro usuario, es muy fácil enviarlas por error a la dirección incorrecta. Debido a que las transacciones en criptomoneda son irreversibles, esto significa que sus monedas desaparecerán para siempre. Para evitar este tipo de ocurrencias, primero debe enviar una pequeña cantidad de criptomoneda a la dirección que desea enviar. Si la transacción se realiza correctamente, puede mover grandes cantidades de criptomoneda con la seguridad de que los está enviando a la dirección correcta.

Siempre tenga copia de seguridad de sus monederos

Mantenga siempre varias copias de seguridad en línea y fuera de línea de sus monederos de criptomonedas. Por ejemplo, Exodus ofrece copias de seguridad en línea que le permiten restaurar su monedero por correo electrónico. También puede usar una unidad flash USB o escribir sus claves privadas en un pedazo de papel y guardarlas en un lugar seguro.

Con todo lo que ha aprendido en este capítulo, debería poder mantener sus monedas a salvo de pérdidas y robos por parte de piratas informáticos malintencionados. También debe recordar siempre la regla de oro de la criptomoneda: quien controla las claves controla los activos.

Capítulo Cinco: Minando Criptomonedas

El término minería de criptomonedas se deriva del hecho de que las nuevas monedas se crean (extraen) cada vez que se registran nuevas transacciones en la blockchain. La minería es un aspecto esencial de cómo funcionan la mayoría de las criptomonedas. Para que un usuario envíe o reciba monedas criptográficas, el usuario inicia una transacción que luego se transmite a toda la red. Antes de que esta transacción pueda completarse, debe validarse y registrarse en el libro mayor público.

Este proceso es lo que se conoce como minería. Las redes de criptomoneda dependen de los mineros para validar las transacciones y agregarlas al libro público y para garantizar que los usuarios no intenten engañar al sistema. También se crean nuevas monedas criptográficas y se agregan a la red a través del proceso de minería. Como recompensa por la minería, los mineros reciben estas monedas de nueva creación. En otras palabras, los mineros actúan como contadores de la red de criptomonedas y ganan pequeñas tarifas y monedas recién creadas como pago. Cualquiera puede convertirse en un minero de criptomonedas siempre que tenga acceso a Internet y suficiente hardware de computadora.

La Recompensa del Bloque

La minería de criptomonedas se basa en el concepto de recompensas de bloque. Para que se verifiquen las transacciones en criptomonedas, los mineros deben resolver ecuaciones matemáticas complicadas y de gran complejidad computacional. Las soluciones a estos rompecabezas matemáticos se basan en los resultados de las soluciones de bloques anteriores, por lo tanto, es imposible para un minero calcular la solución de un bloque futuro de antemano sin la solución al bloque anterior. Un bloque es simplemente una colección de las firmas criptográficas de las transacciones realizadas dentro de un período de tiempo específico. El blockchain está formado por esta historia de bloques de transacciones y soluciones.

Las computadoras que explotan la criptomoneda están esencialmente compitiendo entre sí para resolver estos enigmas. La primera computadora en encontrar una solución para los rompecabezas consigue agregar el siguiente bloque a la cadena de bloques (blockchain). A cambio, esta computadora es recompensada con monedas recién creadas y las tarifas cobradas por las transacciones. Esto es lo que se conoce como la recompensa de bloque.

La mayoría de las criptomonedas están diseñadas con un número máximo de monedas que pueden lanzarse dentro de la red. Por ejemplo, el número máximo de Bitcoins que se producirán es de 21 millones de monedas, mientras que Litecoin tiene un límite de 84 millones de monedas. Para asegurarse de que todas las monedas no se extraigan de una sola vez, las diferentes criptomonedas emplean diferentes métodos para controlar la velocidad a la que se lanzan las nuevas monedas.

Para la mayoría de las criptomonedas, los complejos rompecabezas matemáticos tienen un valor de dificultad que puede escalar hacia arriba o hacia abajo a lo largo del tiempo, dependiendo del esfuerzo que los mineros estén empleando para explotar la criptomoneda. El objetivo de esto es mantener la tasa de lanzamiento de nuevas monedas bastante constante. Por ejemplo, el nivel de dificultad de los rompecabezas matemáticos de Bitcoins está configurado para ajustarse después de cada 2016 minados, o una vez cada dos semanas. Cuando aumenta el poder computacional puesto en la minería, aumenta el nivel de dificultad. Cuando la potencia de cálculo disminuye, los rompecabezas se vuelven más fáciles de resolver. Al hacerlo, los objetivos de Bitcoin para generar una solución de bloque aproximadamente cada 10 minutos. Las diferentes criptomonedas tienen diferentes enfoques. Por ejemplo, el objetivo para Ethereum es una solución de bloque cada 16 segundos.

La minería de criptomonedas y la recompensa de bloque pueden compararse con la búsqueda de oro en una corriente. Algunos tendrán suerte y encontrarán enormes pepitas de oro, otros solo encontrarán algo de polvo de oro mientras que otros no encontrarán nada. Quien esté en una buena ubicación encontrará más oro. Sin embargo, con la criptomoneda, la buena ubicación está representada por un buen hardware de minería.

Configurando el Software de Minería

Hay varias opciones cuando se trata de la minería de criptomonedas. Algunos algoritmos como CryptoNight se pueden ejecutar en las CPU. Otros, como Ethereum, Vertcoin y Zcash, se ejecutan mejor en GPU, mientras que otros como Bitcoin y Litecoin solo pueden ejecutarse en ASIC (Circuitos integrados específicos de la aplicación). Sin embargo, hay más en la minería además de tener el hardware de la minería.

Durante los primeros días de la criptomoneda, era posible que alguien lo hiciera solo. Todo lo que tenía que hacer era descargar o crear una billetera para su criptomoneda preferida e instalar el software de minería correcto. Luego, configuraría el software de minería para unirse a su red de criptomoneda preferida y le pedirá a su hardware que ejecute los cálculos con la esperanza de encontrar una solución de bloque válida antes que otros mineros.

Estos días, sin embargo, muchas cosas han cambiado. No necesita tener el software de monedero, ya que ya no es necesario para la minería y solo termina consumiendo el espacio en disco y el ancho de banda. Por ejemplo, la descarga del blockchain de Bitcoin tomará aproximadamente 145 GB. Hoy en día, los sitios web se han construido para cuidar de esto. Sin embargo, esto también condujo al aumento en el número de personas que están explotando criptomonedas. Idealmente, si proporciona un cierto porcentaje de la potencia computacional total gastada en la extracción de una criptomoneda en particular, debería encontrar un porcentaje igual de todos los bloques extraídos. Sin embargo, con el aumento en el número de mineros, es imposible proporcionar una cantidad sustancial de potencia computacional, lo que a su vez significa que sus posibilidades de encontrar una solución de bloque válida son prácticamente imposibles. Aquí es donde entran los pools de minería.

Pools de Minería

Con el creciente número de mineros, la minería en solitario es prácticamente imposible. Para ganar premios en bloque, debes formar parte de grandes gremios de minería, que se conocen como Pools de minería. Cuando se trata de minería, cuanto más grande es el grupo de minería, mayores son las posibilidades de encontrar soluciones de bloque válidos. Sin embargo, es importante tener en cuenta que, por motivos de seguridad, no se permite que un solo individuo o grupo de minería tenga el control de más del 50 por ciento de la potencia de cómputo total (hashrate) en ninguna red de criptomoneda. Esto llevaría a lo que se conoce como un ataque del 51%.

Los grupos de minería funcionan haciendo que cada participante contribuya con su poder computacional a la minería. De manera similar, todas las recompensas se distribuyen entre todos los miembros del grupo en función del porcentaje de potencia de cómputo que proporcionan. La agrupación, que envía como recursos compartidos, asigna pequeñas tareas a su hardware. Al unirte a un grupo, aumentas tus posibilidades de ganar un pequeño porcentaje de una recompensa. Si fueras un solo minero, podrías quedarte con toda la recompensa, pero tus posibilidades de encontrar una solución de bloque válida serían casi nulas.

Para ilustrar lo difícil que es tener éxito

como minero en solitario, consideremos el porcentaje total de la red de Bitcoin, que se sitúa en aproximadamente 13 exahash (EHash/s). Al mismo tiempo, un buen Bitcoin ASIC solo es capaz de aproximadamente 13 THash/s. Esto significa que sus posibilidades de minar con éxito en solitario un bloque son de una en un millón, o aproximadamente un bloque en 19 años. Además de eso, el hashrate sigue aumentando con el aumento en el número de usuarios. Esto significa que sería más fácil ganar la lotería que tener éxito como minero en solitario.

Sin embargo, supongamos que se unió a un grupo de minería grande que proporciona aproximadamente el 25 por ciento del hashrate en la red. Estepool idealmente extraería el 25 por ciento de los bloques. Su 13 THash/s sería equivalente al 0.0004 por ciento del hashrate del grupo, y obtendría una parte similar de las recompensas de bloque. La recompensa del bloque es de 12.5 Bitcoins, por lo tanto, terminaría con aproximadamente 0.00005 BTC por bloque. Como su grupo ideal encontraría aproximadamente 36 bloques en un día, ganaría aproximadamente 0.0018 BTC todos los días. Con un Bitcoin actualmente de alrededor de $ 17000, obtendría ganancias de alrededor de $ 30 por día.

La Minería Actual

Con su hardware listo y habiéndose unido a un pool de minería, ahora está listo para comenzar. Todo lo que necesita hacer ahora es descargar el software correcto y configurarlo para su hardware y pool. La mayoría de los pools de minería le ayudarán con instrucciones sobre dónde descargar el software y cómo configurarlo. Es bueno tener en cuenta que su velocidad de minería se verá afectada por cosas como la memoria, las velocidades de reloj, los controladores e incluso las revisiones de firmware. Para sacar el máximo provecho de su software de minería, debe revisar varios foros para obtener ideas sobre cómo optimizar su hardware.

Un desafío que muchos nuevos mineros a menudo enfrentan es decidir cuál es la mejor moneda para minar. Este es un tema delicado debido a la alta volatilidad de los precios de las criptomonedas, así como a la aparición de nuevas monedas cada día. Por ejemplo, Ethereum era solo otra moneda que era potencialmente rentable para la mina. De repente, las fuerzas del mercado aumentaron su valor y se volvió increíblemente rentable en poco tiempo. Cambiar entre diferentes monedas también es un asunto que consume tiempo.

Para evitar estos problemas, algunos mineros utilizan plataformas como Nicehash, WinMiner y Kryptex, que le permiten ceder su hash a otros. Los pagos se realizan en bitcoins. Esto transfiere la carga de descubrir la mejor moneda para minar a otros y asegura que no te quedes atascado con algunas monedas sin valor. Sin embargo, hay tarifas involucradas en esto. Alternativamente, puede configurar un software de minería de algoritmo múltiple. Aquí, crea cuentas para todas las monedas que le interesan y configura reglas para determinar qué moneda se extraerá a tal hora.

Conclusión: ¿Es la Minería un Negocio Rentable?

Antes de decidir entrar en la minería de criptomonedas, es importante tener en cuenta que el hardware de minería no es barato. También debe considerar los requisitos de energía. Cuanto más bajos sean sus costos de energía, más probabilidades tendrá de obtener ganancias de la minería. En última instancia, la rentabilidad de la minería se basa en la volatilidad que se está presenciando en el mercado de la criptomoneda. Con monedas prácticamente desconocidas que obtienen ganancias de más del 1000% en cuestión de meses, puede golpear fácilmente la veta madre. Sin embargo, también es importante tener en cuenta que el precio de una criptomoneda también puede caer tan rápido como subió. Por lo tanto, si decide entrar en la minería de criptomonedas, no arriesgue más dinero del que está dispuesto a perder.

Capítulo Seis: Invertir en Criptomoneda – Lo que Necesita Saber

Ya que estás leyendo este libro, puedo asumir que quieres aprender cómo puedes invertir en criptomoneda y ganar algo de dinero. Tras su ascenso meteórico, Bitcoin ha creado varios multimillonarios, y no querrás quedarte atrás mientras la gente gana una cantidad increíble de dinero con esta locura de criptomoneda. Hay varias formas de invertir en criptomoneda. Los más comunes incluyen comprar y mantener monedas con fines de especulación y comerciar en criptomonedas de la misma manera que las personas comercian en el mercado de divisas. También podrías entrar en la minería, como vimos en el capítulo anterior. En este capítulo, aprenderá todo lo que necesita saber sobre la inversión en criptomoneda.

¿Por Qué Invertir en Criptomoneda?

La gente hace inversiones en criptomoneda por varias razones. Sin embargo, hay tres razones importantes por las que debería invertir en criptomoneda. Primero, invertir en criptomoneda es una forma de proteger sus activos contra la inminente caída del imperio del dólar. La criptomoneda es una ola que está revolucionando silenciosamente el mercado de dinero. Al invertir en la criptomoneda, esencialmente apuestan al éxito de esta revolución. En segundo lugar, solo debe invertir en la criptomoneda si apoya la visión detrás de la criptomoneda: la de la moneda universal que está libre de control por parte de los gobiernos. Finalmente, debe invertir en criptomonedas solo si entiende la tecnología detrás de ellas.

Desafortunadamente, algunas personas están invirtiendo en criptomoneda debido al "temor de perderse" (síndrome FOMO por sus siglas en inglés de *Fear Of Missing Out*), con la esperanza de hacer dinero rápido. Ni siquiera entienden la tecnología. Esta es una muy mala estrategia de inversión.

También debe tener en cuenta que las criptomonedas no son como cualquier inversión ordinaria. Son más volátiles que cualquier otra clase de inversión. Son activos no regulados. También son una inversión de muy alto riesgo. Siempre existe el riesgo de que pueda perder su llave, un Exchange o su monedero puede ser hackeado, o incluso puede ser ilegalizada por completo.

Conclusiones

A pesar de estar aún en su etapa inicial, la criptomoneda está revolucionando el mundo de manera silenciosa y constante, en particular al sector financiero y de inversión. Debido a las muchas ventajas que ofrece la criptomoneda, muchas empresas e individuos están comenzando a aceptarla gradualmente. Muchos inversores también han cambiado de los activos de inversión tradicionales a los cripto-activos. En los últimos 2 años, la industria también ha creado muchos millonarios y multimillonarios. Dado que la industria aún está en sus etapas iniciales, podemos esperar que haya algunos desafíos y obstáculos que superar antes de que logre la adopción general. Sin embargo, podemos estar seguros de que la industria de la criptomoneda será la próxima revolución en el mundo como la conocemos. Esto demuestra por qué es importante saltar al tren de criptomonedas antes de que salga de la estación y se pierda. Habiendo llegado al final de este libro, espero que use el conocimiento aprendido en este libro para ingresar al mundo de la criptomoneda y construir una fortuna para usted.